农村金融创新团队系列丛书

陕西农村金融市场开放、
效率及其影响机制研究

王佳楣 著

责任编辑：张怡恒
责任校对：刘　明
责任印制：丁淮宾

图书在版编目（CIP）数据

陕西农村金融市场开放、效率及其影响机制研究（Shanxi Nongcun Jinrong Shichang Kaifang、Xiaolü Jiqi Yingxiang Jizhi Yanjiu）/王佳楣著．—北京：中国金融出版社，2017.2

（农村金融创新团队系列丛书）

ISBN 978 - 7 - 5049 - 8698 - 6

Ⅰ.①陕…　Ⅱ.①王…　Ⅲ.①农村金融—金融市场—研究—陕西　Ⅳ.①F832.35

中国版本图书馆 CIP 数据核字（2016）第 225629 号

出版
发行　中国金融出版社

社址　北京市丰台区益泽路2号
市场开发部　（010）63266347，63805472，63439533（传真）
网上书店　http://www.chinafph.com
　　　　　（010）63286832，63365686（传真）
读者服务部　（010）66070833，62568380
邮编　100071
经销　新华书店
印刷　北京市松源印刷有限公司
尺寸　169 毫米 × 239 毫米
印张　10.25
字数　160 千
版次　2017 年 2 月第 1 版
印次　2017 年 2 月第 1 次印刷
定价　32.00 元
ISBN 978 - 7 - 5049 - 8698 - 6
如出现印装错误本社负责调换　联系电话（010）63263947

农村金融创新团队系列丛书编委会

名誉主任：韩　俊

编委会主任：罗剑朝

编委会委员：（按姓氏笔画为序）

马九杰　王　静　王志彬　王青锋
王曙光　孔　荣　史清华　吕德宏
刘亚相　祁绍斌　孙宗宽　李　林
杨立社　杨俊凯　何广文　罗剑朝
姜长云　姜宝军　胡文莲　赵永军
贾金荣　高　波　郭新明　黄　河
霍学喜

云南金属矿的成因及其系列丛书
编委会

名誉主任：韩 楞

编委会主任：吕凯勋

编委会委员：(按姓氏笔画为序)

吉北杰	王 麟	王志琳	王青鹤
王鹏先	尔 菜	史春华	吕德宗
刘亚相	杜胜波	刘宗贵	李 林
林立珠	杨修朗	何广文	罗剑帅
姜米云	姜定军	胡文華	姚永军
贺金荣	高 敖	崇德明	黄 河
霍学喜			

序言一

农村金融是农村经济发展的"润滑剂",农村金融市场是农村市场体系的核心。党和国家历来重视农村金融发展,党的十八届三中全会明确提出了扩大金融业对内对外开放,在加强监管的前提下,允许具备条件的民间资本依法发起设立中小型银行等金融机构,进一步发展普惠金融,鼓励金融创新,丰富农村金融市场层次和产品,同时赋予农民对承包地占有、使用、收益、流转及承包经营权抵押、担保权能,为下一步农村金融改革指明了方向。2004—2014年连续11个中央"一号文件"从不同角度提出了加快农村金融改革、完善农村金融服务、推动农村金融制度创新,这些农村金融改革创新的政策、决定对建立现代农村金融市场体系、完善农村金融服务、提升农村金融市场效率起到了积极的推动作用。但是,当前农村金融发展现状距离发展现代农业、建设社会主义新农村和全面建成小康社会的目标要求仍有较大差距,突出表现在:农村金融有效供给不足且资金外流严重、农村金融需求抑制、市场竞争不充分、市场效率低下、担保抵押物缺乏等,农村金融无法有效满足当前农村发展、农业增产和农民增收的现实需要。进一步推动农村金融改革、缓解农村金融抑制、加快农村金融深化、鼓励农村金融创新以及提升农村金融服务效率,任重道远。

根据世界各国经济发展的经验,在城市化进程中,伴随着各类生产要素不断向城市和非农产业的流动,农村和农业必然会发生深刻的变化。改革开放以来,中国经济取得了举世瞩目的成就,农村经济体制改革极大地调动了亿万农民的积极性,经济活力显著增强。经济快速发展的同时,城乡发展不平衡、城乡收入差距扩大、农村经济落后等问题也日渐凸显,"三农"问题则是对这些突出矛盾的集中概括。"三农"问题事关国家的发展、安全、稳定和综合国力的提升,历来是党和政府工作的重中之重。金融是现代经济的核心,农村金融发展对农村经济发展至关重要,解决"三农"问题离不开农村金融支持。由于中国农村金融不合理的制度安排,农村金融抑制现象严重,农村金融与农村经济并未形成互动共生、协调发展

的局面,农村金融资源配置功能并未真正得到发挥,滞后的农村金融在一定程度上抑制了农村经济的发展。

1978年改革开放至今,农村金融改革的步伐不断加快,经历了农村金融市场组织的多元化和竞争状态的初步形成、分工协作的农村金融体系框架构建、农村信用社主体地位的形成,以及探索试点开放农村金融市场的增量改革四个阶段。农村金融改革取得初步成效,多层次、多元化、广覆盖的农村金融体系基本形成,农村金融供求矛盾逐步缓解,农村金融服务水平显著提高,农村金融机构的经营效率明显提升,农村信用环境得到有效改善。然而,农村金融仍然是农村经济体系中最为薄弱的环节,资金约束仍然是制约现代农业发展和新农村建设的主要的"瓶颈"。在统筹城乡发展、加快建设社会主义新农村以及推进现代农业发展的大背景下,农村金融如何适应农村及农业环境的快速变化、如何形成"多层次、广覆盖、可持续"的农村金融体系、如何破解农村"抵押难、担保难、贷款难"的困境,推动农村金融更好地为农村经济发展服务,让改革的红利惠及6.5亿农民,依然是需要研究和解决的重大课题。

可喜的是,在西北农林科技大学,以罗剑朝教授为带头人的科研创新团队,2011年12月以"西部地区农村金融市场配置效率、供求均衡与产权抵押融资模式研究"为主攻方向,申报并获批教育部"长江学者和创新团队发展计划"创新团队项目(项目编号:IRT1176)。近3年来,该团队紧紧围绕农村金融这一主题,对农村金融领域的相关问题进行长期、深入调查和分析,先后奔赴陕西、宁夏等地开展实地调研10余次,实地调查农户5 000余户、涉农企业500余家,走访各类农村金融机构50余家,获得了大量的实地调研数据和第一手材料。同时,还与中国人民银行西安分行、中国人民银行宁夏分行、陕西农村信用社联合社、杨凌示范区金融工作办公室、杨凌示范区农村商业银行、高陵县农村产权交易中心等机构签订了合作协议,目前已拥有杨凌、高陵和宁夏同心、平罗4个农村金融研究固定观察点。针对调查数据和资料,该团队对西部地区农村金融问题展开了系统深入的研究,通过对西部地区农村金融市场开放度与配置效率评价、金融市场供求均衡、农村产权抵押融资试验模式等的研究,提出以农村产权抵押融资、产业链融资为突破口的农村金融工具与金融模式的创新方案,进而形成"可复制、易推广、广覆盖"的现代农村金融体系,能够为提高农村金融市场配置效率及农村金融改革政策的制定和实施提供依据。本项目调查研究取得了比较丰硕的科研成果，其中一部分纳入本套系列丛书以专著的形式出版。虽然其中的部分观点可能还有待探讨和商榷，但作者敏锐的观察视角、务实的研究作风、扎实的逻辑推导、可靠的数据基础，使得研究成果极具原创性和启发性，这些成果的出版，必然会对深刻认识农村金融现实、把握农村金融的运作规律提供有益的依据参考和借鉴。

实现全面建成小康社会的宏伟目标，最繁重、最艰巨的任务在农村。要解决农村发展问题，需要一大批学者投入到农村问题的研究当中，以"忧劳兴国"的精神深入农村，深刻观察和认识农村，以创新的思维发现和分析农村经济发展中的问题，把握农村经济发展的规律，揭示农业、农村、农民问题的真谛，以扎实的研究结论为决策部门提供参考，积极推动农村经济又好又快发展，以不辱时代赋予的历史使命。

我相信，此套农村金融创新团队系列丛书的出版，对于完善西部地区农村金融体系、提高西部地区农村金融市场配置效率，推动西部地区农村经济社会发展具有重要意义。同时我也期待此套丛书的出版，能够引起相关政策的制定者、研究者和实践者对西部地区农村金融及农村金融改革问题的关注、积极参与和探索，共同推进西部地区农村金融改革的创新和金融市场配置效率的提高。

是为序。

中央财经领导小组办公室副主任、研究员 韩俊

二〇一四年八月三十日

序言二

金融是现代经济的核心，农村金融是现代金融体系的重要组成部分，是中国农业现代化的关键。当前，我国人均国民生产总值（GDP）已超过4 000美元，总量超过日本，成为世界第二大经济体。如何在新的发展阶段特别是在工业化、信息化、城镇化深入发展中同步推进农业现代化，构建起由市场配置各种要素、公共资源均衡覆盖、经济社会协调发展的新型工农关系、城乡关系，破解推进农业现代化的金融难题和资金"瓶颈"，是实现"中国梦"绕不过去的难题。

改革开放以来，党中央、国务院先后制定并出台了一系列促进农业和农村发展的政策与文件，在农村金融领域进行了深入地探索，特别是党的十八大、十八届三中全会提出"完善金融市场体系"、"发展普惠金融"、"赋予农民对承包地占有、使用、收益、流转及承包经营权抵押、担保权能"，农村金融产品与服务方式创新变化，农户和农村中小企业金融满足度逐步提高，农村金融引领和推动农村经济社会发展的新格局正在形成。但是，客观地说，农村信贷约束，资金外流，农村金融供给与需求不相适应、不匹配等问题依然存在，高效率的农村资本形成机制还没有形成，农村金融与农村经济良性互动发展的新机制尚待建立，农村金融依然是我国经济社会发展的一块短板，主要表现在以下几个方面：

1. 金融需求不满足与资金外流并存。据调查，农户从正规金融机构获得的信贷服务占30%左右，农村中小企业贷款满足度不到10%。同时，在中西部地区，县域金融机构存贷差较大，资金外流估计在15%~20%。农村资金并未得到有效利用，农村金融促进储蓄有效转化为投资的内生机制并没有形成。

2. 农村金融需求具有层次性、差异性与动态性，不同类型农户和中小企业金融需求存在不同，多层次的农村金融机构与农村金融需求主体供求对接的有效机制尚待形成。农户资金需求具有生产性、生活性并重且以生活性为主的特点，农村中小企业多属小规模民营企业，对小额信贷需求强烈，加之都没有符合金融机构要求的抵（质）押品，正规金融服务"断层"现象依然存在。

3. 农村金融市场供求结构性矛盾突出,市场垄断、过度竞争与供给不足同时并存。从供给角度看,农村金融的供给主体以农业银行、农村信用社、邮储银行等正规金融为主,其基本特征是资金的机会成本较高、管理规范,要求的担保条件比较严格;从需求的角度看,农村金融需求主体的收入、资产水平较低,借贷所能产生的利润水平不高,且其金融交易的信息不足。尽管存在着借款意愿和贷款供给,但供求双方的交易却很难达成,金融交易水平较低。因此,要消除这种结构性供求失衡,就要充分考虑不同供给与需求主体的特点及他们之间达成交易可能性,采取更加积极的宏观政策与规范,建立多层次、全方位、高效率、供求均衡的现代农村金融体系。

必须改变用城市金融推动农村金融的理念和做法,以及单方面强调金融机构的调整、重组和监管的政策,从全方位满足"三农"金融需求和充分发挥农村金融功能的视角,建立农村金融供求均衡的、竞争与合作有效耦合的现代农村金融体系。按照农村金融供求均衡理念,对农村金融机构服务"三农"和农村中小企业做适当市场细分,实现四个"有效对接",推进农村金融均衡发展。

第一,实现正规金融供给与农业产业化龙头企业金融需求的有效对接。由于农村正规金融机构的商业信贷供给与农业产业化龙头企业的金融需求相适应,正规金融机构的商业信贷交易费用较高,交易规模较大,客户不能过于分散,担保条件要求严格,而龙头企业在很大程度上已参与到了城市经济的市场分工中,在利润水平及担保资格都能够符合正规金融机构要求的情况下,有些企业甚至能够得到政府的隐性担保,加之建立有相对完善的会计信息系统,能够提供其经营状况的财务信息,信贷信息不对称现象也能有所缓解,因此,二者具有相互对接的可行性。尽管农村正规金融发展存在诸多问题,但从其本身特点以及龙头企业发展角度看,实现正规金融供给与龙头企业金融需求对接具有必然性。所以,中国农业银行应定位为农村高端商业银行,在坚持商业化经营的前提下,加大对农业产业化龙头企业的支持力度,主要满足大规模的资金需求。通过政策引导,把农业银行在农村吸收的存款拿出一定比例用于农业信贷,把农业银行办成全面支持农业和农村经济发展的综合性银行。

第二,实现正规中小金融机构的信贷供给与市场型农户、乡镇企业、中小型民营企业金融需求的有效对接。由于正规中小型金融机构的小额信贷与市场型农户、乡镇企业、中小型民营企业的金融需求相适应，市场型农户、乡镇企业、中小型民营企业的金融需求主要用于扩大再生产，所需要的资金数额相对较大，借贷风险较大，不易从非正规金融机构获得贷款；由于其自身在资产水平存在的有限性，它们不能像龙头企业那样，从正规金融机构获得商业贷款。而正规中小型金融机构，尤其是农村商业银行、农村合作银行、村镇银行等，相对于大银行，在成本控制上存在较大优势，而且较易了解市场型农户、乡镇企业、中小型民营企业的生产经营状况，可根据其还款的信誉状况来控制贷款额度，降低金融风险；中小型金融机构倾向于通过市场交易过程，发放面向中小企业的贷款，按市场利率取得更高收益，市场型农户、乡镇企业、中小型民营企业是以市场为导向的，接受市场利率，也倾向于通过市场交易过程获得贷款，二者之间交易易于达成。另外，正规中小金融机构具有一定优势：其资金"取之当地、用之当地"；员工是融入到社区生活的成员，熟悉本地客户；组织架构灵活简单，能有效地解决信息不对称问题；贷款方式以"零售"为主，成本低廉、创新速度快；决策灵活，能更好地提供金融服务，二者之间实现金融交易对接具有必然性。目前，农村正规中小型金融机构发展较为迅速，应继续鼓励和引导农村商业银行、农村合作银行、村镇银行发展，构建起民营的、独资的、合伙的、外资的正规中小型金融机构，大力开展涉农金融业务。

第三，实现正规金融机构、非正规金融机构的小额信贷供给与温饱型农户金融需求的有效对接。农村小额信贷，主要指农村信用合作社等正规金融机构、非正规金融机构提供的农户小额信贷，是以农户的信誉状况为根据，在核定的期限内向农户发放的无抵押或少抵押担保的贷款。正规金融机构、非正规金融机构的小额信贷供给与温饱型农户金融需求相适应，他们之间的交易对接具有充分的可行性。目前，温饱型农户占整个农户的40%~50%，他们的借贷需求并不高，还贷能力较强，二者之间的信贷交易易于达成。农信社和其他非正规金融机构的比较优势决定其生存空间在农村，从国外银行业的发展情况看，即使服务于弱势群体，也有盈利和发展空间。农信社应牢固树立服务"三农"的宗旨，通过建立良好的公司治理机制、科学的内部激励机制，切实发挥农村金融主力军作用；适应农村温饱型农户金融需求的特点，建立和完善以信用为基础的信贷交易机制，提高农户贷款覆盖面；通过农户小额信贷、联户贷

款等方式,不断增加对温饱型农户的信贷支持力度。当前,农户小额信贷存在的问题主要有:资金缺口大、贷款使用方向单一、贷款期限无法适应农业生产周期的需要、小额信贷额度低等。针对这些问题,应采取措施逐步扩大无抵押贷款和联保贷款业务;尝试打破农户小额信贷期限管理的限制,合理确定贷款期限;尝试分等级确定农户的授信额度,适当提高贷款额度;拓展农信社小额信贷的领域,由单纯的农业生产扩大到农户的生产、生活、消费、养殖、加工、运输、助学等方面,扩大到农村工业、建筑业、餐饮业、娱乐业等领域。

第四,实现非正规金融机构的小额信贷与温饱型、贫困型农户金融需求的有效对接。民间自由借贷的机会成本相对较低,加上共有的社区信息、共同的价值观、生产交易等社会关系,且可接受的担保物品种类灵活,甚至担保品市场价值不高也能够较好地制约违约,与温饱型、贫困型农户信贷交易易于达成,实现二者之间的有效对接具有必然性。发达地区的非正规金融机构,其交易规模较大、参与者组织化程度较高,以专业放贷组织和广大民营企业为主,交易方式规范,具备良好的契约信用,对这类非正规金融机构可予以合法化,使其交易、信用关系及产权形式等非正式制度得到法律的认可和保护,并使其成为农村金融市场的重要参与者和竞争者;欠发达地区的非正规金融机构,其规模较小、参与者大多是分散的温饱型、贫困型农户,资金主要用于农户生产和生活需要,对此类非正规金融机构应给予鼓励和合理引导,防止其转化成"高利贷"。同时,积极发展小规模的资金互助组织,通过社员入股方式把资金集中起来实行互助,可以有效地解决农民短期融资困难。应鼓励和允许条件成熟的地方通过吸引民间资本、社会资本、外资发展民间借贷,使其在法律框架内开展小额信贷金融服务。

总之,由于商业金融在很大程度上不能完全适应农村发展的实际需求,上述市场细分和四个"有效对接"在不同地区可实现不同形式组合,不同对接之间也可实现适当组合,哪种对接多一点、哪种对接少一点,可根据情况区别对待,其判断标准是以金融资本效率为先,有效率的"有效对接"就优先发展。

为了实现以上四个"有效对接",还必须采取以下配套政策:一是建立新型农村贷款抵押担保机制,分担农业信贷风险。在全面总结农户联保、小组担保、担保公司代为担保等成功经验的基础上,积极探索农村土地使用权抵押担保、农业生物资产（包括农作物收获权、动物活体等）、农业知识产权和专利、大型农业设施、设备抵押担保等新型农村贷款抵押担保方式，降低农贷抵押担保限制性门槛，鼓励引导商业担保机构开展农村抵押担保业务。二是深化政策性金融改革，引导农业发展银行将更多资金投向农村基础设施领域。通过发行农业金融债券、建立农业发展基金、进行境外融资等途径，拓展农业发展银行资金来源，统一国家支农资金的管理，增加农业政策性贷款种类，把农业政策性金融机构办成真正的服务农村基础设施等公共物品、准公共物品投融资的银行。三是建立政府主导的政策性农业保险制度。运用政府和市场相结合的方式，制定统一的农业保险制度框架，允许各种符合资格的保险机构在总框架中经营农业保险和再保险业务，并给予适当财政补贴和税收优惠。四是加强农村金融立法，完善农村金融法律和监管制度。目前，农村金融发展法律体系滞后，亟须加以完善。建议在《中华人民共和国公司法》、《中华人民共和国商业银行法》中增加农村金融准入条款，制定《民间借贷法》，将暗流涌动的农村民间金融纳入法制化轨道。适当修改《中华人民共和国银行业监督管理法》，鼓励农村金融机构充分竞争，防范农村金融风险；以法律形式明晰农业银行支农责任，督促其履行法定义务，确认其正当要求权；明确农业发展银行开展商业性金融业务范围，拓展农村基础设施业务，以法律形式分别规制其商业性、政策性业务，对政策性业务进行补贴；限制邮储银行高昂的利率浮动，加强对其利率执行情况的监督、检查力度。制定《金融机构破产法》，建立农村金融市场退出机制，形成公平、公正的农村金融市场竞争环境。制定《农村合作金融法》，规范农村合作金融机构性质、治理结构、监管办法，促进农村信用社等农村合作金融机构规范运行。

教育部 2011 年度"长江学者和创新团队发展计划"
创新团队（IRT 1176）带头人
西北农林科技大学经管学院教授、博士生导师
西北农林科技大学农村金融研究所所长

二〇一四年八月三十日

目 录

第一章 ◎ 导论 /001
1.1 研究背景 /001
　1.1.1 现实背景 /001
　1.1.2 理论背景 /008
1.2 研究目的与意义 /009
　1.2.1 研究目的 /009
　1.2.2 研究意义 /009
1.3 国内外研究动态 /010
　1.3.1 国外研究动态 /010
　1.3.2 国内研究动态 /014
　1.3.3 国内外研究动态述评 /017
1.4 研究思路、研究内容及研究方法 /018
　1.4.1 研究思路 /018
　1.4.2 研究内容 /018
　1.4.3 研究方法 /019
1.5 可能创新之处 /020

第二章 ◎ 农村金融市场开放、效率及其影响机制理论基础 /022
2.1 概念界定及研究范围 /022
　2.1.1 农村金融市场开放的界定 /022
　2.1.2 农村金融市场效率的界定 /023

2.1.3　研究范围/023
　2.2　理论分析框架/023
　2.3　理论依据/024
　　2.3.1　农村金融市场开放与局部知识理论/025
　　2.3.2　农村金融市场开放与制度变迁理论/026
　　2.3.3　农村金融市场效率与农村金融评价体系/027
　　2.3.4　农村金融市场效率与金融抑制及金融深化/028
　　2.3.5　农村金融政策与传统农村金融理论中的政府干预/028
　2.4　本章小结/029

第三章　◎陕西农村金融市场开放进程、特征及演进趋势/031

　3.1　陕西农村金融市场的开放进程/031
　　3.1.1　陕西农村金融市场开放的历史背景/031
　　3.1.2　逐步开放阶段陕西农村金融市场的改革与发展/032
　　3.1.3　陕西农村金融市场"存量"机构改革/033
　　3.1.4　陕西农村金融市场"增量"机构改革/037
　3.2　陕西农村金融市场开放的特征/041
　　3.2.1　政府主导的强制性变迁/041
　　3.2.2　试点推进的渐进式变迁/041
　　3.2.3　滞后于农村经济制度的变迁/042
　3.3　陕西农村金融市场开放的演进趋势/042
　　3.3.1　陕西农村金融市场开放存在路径依赖/042
　　3.3.2　陕西农村金融市场开放"双结合"的路径替代趋势/043
　3.4　本章小结/044

第四章　◎陕西农村金融市场开放度评价/045

　4.1　开放度评价指标选取及样本选择/045
　　4.1.1　评价指标选取/045

　　　　4.1.2　样本选择/047
　4.2　开放度评价方法/049
　　　　4.2.1　层次分析法（AHP）/049
　　　　4.2.2　理想点排序法（TOPSIS）/052
　4.3　基于AHP和TOPSIS的陕西农村金融市场开放度评价及结果/054
　　　　4.3.1　综合开放度分析与评价/055
　　　　4.3.2　结构开放度分析与评价/057
　　　　4.3.3　规模开放度分析与评价/059
　　　　4.3.4　深度开放度分析与评价/062
　4.4　本章小结/064

第五章　◎陕西农村金融市场效率评价/066

　5.1　效率评价指标选取及样本选择/066
　　　　5.1.1　评价体系与评价指标/066
　　　　5.1.2　样本选择/067
　5.2　效率评价方法/070
　　　　5.2.1　DEA与超效率DEA/071
　　　　5.2.2　Malmquist-TFP指数/072
　5.3　基于超效率DEA的陕西农村金融市场效率评价及结果/073
　　　　5.3.1　农村金融市场支农效率分析/074
　　　　5.3.2　农村金融机构运行效率分析/079
　5.4　本章小结/084

第六章　◎陕西农村金融市场开放对效率影响机制实证分析/086

　6.1　陕西农村金融市场开放对农村金融市场效率影响机制描述/086
　6.2　研究假设/087

　　6.2.1　假设1：农村金融市场开放对金融支农效率具有正向影响/087

　　6.2.2　假设2：农村金融市场开放对小微农村金融机构运行效率具有负向影响/089

　　6.2.3　假设3：农村金融市场开放对农村信用社机构运行效率具有正向影响/090

6.3　分析方法/091

　　6.3.1　面板数据模型/091

　　6.3.2　多元线性模型/095

6.4　实证结果与结论/095

　　6.4.1　农村金融市场开放对金融支农效率影响的实证结果/095

　　6.4.2　农村金融市场开放对机构运行效率影响的实证结果/097

6.5　本章小结/099

第七章　◎陕西农村金融市场开放对效率影响机制的市场表现及成因/101

7.1　农村金融市场开放与农村金融市场效率良性机制判断标准/101

7.2　陕西农村金融市场开放对效率影响机制的市场表现/103

　　7.2.1　农村金融市场效率未得到显著提升/103

　　7.2.2　农村金融市场结构布局不均衡/104

　　7.2.3　农村信贷对农村经济增长贡献不足/105

　　7.2.4　农村金融市场深化程度低/106

7.3　陕西农村金融市场开放对效率良性影响机制未形成的原因/109

　　7.3.1　小微农村金融机构难以打破垄断/109

　　7.3.2　农村金融机构经营风险难以有效控制/111

　　7.3.3　农村金融产品与服务创新难以满足开放需求/112

　　7.3.4　监管方式与农村金融市场开放不匹配/113

7.3.5　农村金融市场开放的支持政策不完善/113

7.3.6　农村金融市场开放的法律法规不健全/114

7.3.7　农村金融生态环境有待优化/115

7.4　本章小结/115

第八章 ◎促进陕西农村金融市场开放与效率良性机制形成的政策建议与对策/117

8.1　继续促进农村金融市场开放/117

8.1.1　扩大农村金融服务覆盖面/117

8.1.2　完善农村金融市场退出机制/118

8.1.3　发挥各级政府服务职能，优化农村金融市场开放政策/118

8.2　进一步提升农村金融市场效率/119

8.2.1　提升小微农村金融机构竞争力/119

8.2.2　提升农村金融机构管理水平/120

8.2.3　降低农村金融服务成本，加快农村金融业务创新/121

8.3　推动农村金融市场开放与效率同步协调/123

8.3.1　改善农村金融监管方式，推动非正规金融阳光化/123

8.3.2　建立农村金融风险分摊机制/124

8.3.3　完善农村金融法律法规/124

8.3.4　优化农村金融生态环境/125

8.4　本章小结/126

第九章 ◎研究结论与展望/127

◎参考文献/130

◎后记/141

第一章 导　论

一直以来，"三农"问题始终是我国经济发展过程中的难题，农业生产水平低下、农村经济增长缓慢、农村现代化建设滞后以及城乡居民收入差距不断扩大等问题普遍存在。在经济欠发达的西部地区，由于自然环境、观念、体制等原因的制约，农村地区发展滞后问题尤为严重。农业产出增加、农民收入提高、农村市场繁荣，都离不开资金的投入、支持，作为我国金融市场的重要组成部分，农村金融市场的深度和广度显著影响着农村经济的各个环节。因此，开放农村金融市场形成有效竞争，培育健全高效的农村金融市场，对有效解决"三农"问题具有重要的战略意义。基于这一前提，本章阐述了研究陕西农村金融市场开放、效率及开放对效率影响机制的目的和意义，通过回顾国内外研究动态，对本书研究思路、研究内容、研究方法以及本书的可能创新之处进行了诠释。

1.1　研究背景

1.1.1　现实背景

1.1.1.1　农村金融市场发展仍然存在难题

自1996年国务院决定实施农村金融体制改革以来，经过十几年的探索和实践，我国农村金融领域发生了巨大变革。虽然符合中国特色的农村金融体系正在逐步形成，但是由于我国西部、中部、东部农村地区经济发展程度差异较大，包括了从赤贫、温饱、小康直到相对富足的各种发展水平，因而对经济金融政策的适应性和政策效果各不相同，经济欠发达地区的农村金融体系依然存在着诸多问题。作为市场需求方的农户和农村中小企业，经营业务涉及广泛的领域，虽然农村金融市场总体资金需求量巨大，但由于经营规模较小，资金个体需求零散，难以得到金融机构的青睐。作为市场供给方的正规金融机构，出于最大化利润、最小化成本考虑，从农村地区撤并机构网点，难以有效满足农村资金需求；非正规金融机构虽然发展迅速，但受到自身合法性的制约，无法成为有效的资金需求补充。因此，农村金融需求与供给的不均衡，依然是农村金融市场发展绕不过去的难题。

1.1.1.2 农村金融市场发展面临良好机遇

近几年多个中央"一号文件"均体现了国家对农村金融市场发展的政策支持力度：鼓励县域多种所有制形式小额贷款组织的培养（2006年），鼓励金融机构加大对农村小额贷款的投放力度与贫困地区多种所有制金融组织的试点（2007年），主张适当调整农村地区银行业金融机构的准入政策（2008年），主张在加强风险控制的基础上推进多种农村微小型金融机构发展（2009年），要求完善涉农贷款的税收激励机制以确保金融机构在涉农贷款投放上享有的优惠、补贴和奖励（2010年），鼓励民间资本进入农村金融服务领域发展多元化农村金融机构（2012年），提出创新符合农村特点的担保方式和融资工具（2013年），要求加强农村金融制度创新（2014年）等（见表1-1）。

表1-1 中央"一号文件"有关农村金融的政策（2006—2014年）

时间	政策名称	政策内容
2006年1月	《关于推进社会主义新农村建设的若干意见》	加快推进农村金融改革；巩固和发展农村信用社改革试点成果，进一步完善治理结构和运行机制；大力培育由自然人、企业法人或社团法人发起的小额贷款组织，有关部门要抓紧制定管理办法；引导农户发展资金互助组织；规范民间借贷
2007年1月	《关于积极发展现代农业扎实推进社会主义新农村建设的若干意见》	加快制定农村金融整体改革方案，努力形成商业金融、合作金融、政策性金融和小额贷款组织互为补充、功能齐备的农村金融体系，探索建立多种形式的担保机制，引导金融机构增加对"三农"的信贷投放
2008年1月	《关于切实加强农业基础建设》	加快农村金融体制改革和创新；加快推进调整放宽农村地区银行业金融机构准入政策试点工作；推进农村担保方式创新，扩大有效抵押品范围，探索建立政府支持、企业和银行多方参与的农村信贷担保机制

续表

时间	政策名称	政策内容
2009年1月	《关于促进农业稳定发展农民持续增收的若干意见》	增强农村金融服务能力;鼓励和支持金融机构创新农村金融产品和金融服务;大力发展小额信贷和微型金融服务,农村微小型金融组织可通过多种方式从金融机构融入资金
2010年1月	《关于加大统筹城乡发展力度进一步夯实农业农村发展基础的若干意见》	提高农村金融服务质量和水平;加强财税政策与农村金融政策的有效衔接,引导更多信贷资金投向"三农",切实解决农村融资难问题;加快培育村镇银行、贷款公司、农村资金互助社,有序发展小额贷款组织,引导社会资金投资设立适应"三农"需要的各类新型金融组织
2011年1月	《关于加快水利改革发展的决定》	加强金融对农田水利建设的支持
2012年1月	《关于加快推进农业科技创新持续增强农产品供给保障能力的若干意见》	提升农村金融服务水平;加大农村金融政策支持力度;发展多元化农村金融机构,鼓励民间资本进入农村金融服务领域,支持商业银行到中西部地区县域设立村镇银行
2013年1月	《关于加快发展现代农业进一步增强农村发展活力的若干意见》	加强涉农信贷与保险协作配合,创新符合农村特点的抵(质)押担保方式和融资工具,建立多层次、多形式的农业信用担保体系
2014年1月	《关于全面深化农村改革加快推进农业现代化的若干意见》	加快农村金融制度创新,强化金融机构服务"三农"职责,发展新型农村合作金融组织,加大农业保险支持力度

资料来源:整理自新华网财经频道,http://news.xinhuanet.com/。

中国银行业监督管理委员会(以下简称银监会)和中国人民银行(以下简称人民银行)也相继出台一系列具体政策措施来促进农村金融市场发展(见表1-2)。财政部也在2009年的《中央财政新型农村金融机构定向费用补贴资金管理暂行办法》基础上,不断完善税收优惠和费用补贴政策,以鼓励金融机构加大农村地区小额贷款的投放力度(见表1-3)。由此可见,国家政策支持为陕西农村金融市场的发展提供了大好机遇。

表1-2　银监会与人民银行有关开放农村金融市场的政策（2006—2014年）

时间	政策名称	政策内容
2006年12月	《关于调整放宽农村地区银行业金融机构准入政策，更好支持社会主义新农村建设的若干意见》（银监发〔2006〕90号）	按照商业可持续原则，在农村地区建立村镇银行、贷款公司和农村资金互助社等新型农村金融机构，并决定在吉林、四川、青海、甘肃、内蒙古、湖北六省（区）的农村地区进行试点
2007年1月	《关于印发村镇银行管理暂行规定的通知》（银监发〔2007〕5号）、《关于印发贷款公司管理暂行规定的通知》（银监发〔2007〕6号）、《关于印发农村资金互助社管理暂行规定的通知》（银监发〔2007〕7号）	规范了村镇银行、贷款公司、农村资金互助社三类新型农村金融机构的设立与退出、组织机构、公司治理及经营行为、规范其组建审批的工作程序
2008年4月	《关于村镇银行、贷款公司、农村资金互助社、小额贷款公司有关政策的通知》（银发〔2008〕137号）	对村镇银行、贷款公司、农村资金互助社、小额贷款公司等新型农村金融机构在存款准备金率、支付清算管理等方面作出了详细指导
2008年5月	《关于小额贷款公司试点的指导意见》（银监发〔2008〕23号）	规范了小额贷款公司的性质、设立与终止、资金来源与运用、监督管理等，对开展小额贷款组织工作提出了更加具体明确的指导意见
2009年7月	《新型农村金融机构2009—2011年总体工作安排》（银监发〔2009〕72号）	为促进新型农村金融机构的培育和发展，未来三年计划在全国再设立1300家左右新型农村金融机构
2010年4月	《关于加快发展新型农村金融机构有关事宜的通知》（银监发〔2010〕27号）	允许银行业金融机构主发起人到西部地区（除省会城市外）和中部老、少、边、穷地区以地（市）为单位组建总分行制的村镇银行
2011年7月	《关于调整村镇银行组建核准有关事项的通知》（银监发〔2011〕81号）	调整组建村镇银行的核准方式，提高了对主发起行的要求
2012年2月	《关于全面做好2012年农村金融服务工作的通知》（银监发〔2012〕9号）	积极提出开展产品服务创新，不断提升农村金融服务特色化水平，积极培育发展村镇银行等新型机构，深度推进农村基础金融服务均等化建设的要求

续表

时间	政策名称	政策内容
2013年2月	《关于做好2013年农村金融服务工作的通知》（银监办发〔2013〕51号）	加大涉农信贷投放，推进涉农银行业金融机构体制机制改革，支持新型农业生产经营组织发展，做好城镇化建设配套金融服务，提高薄弱地区金融服务水平，扩大农村金融服务覆盖面，加强涉农信贷风险管控
2014年3月	《关于做好2014年农村金融服务工作的通知》（银监办发〔2014〕42号）	保持涉农信贷投放总量持续增长，加大对县域经济的支持力度，增强农村中小金融机构支农服务功能，加大对新型农业经营主体的支持力度，突出对农田水利、农业科技和现代种业的金融支持，深入推进农村中小金融机构支农服务"三大工程"，慎重稳妥开展"三权"抵押融资，强化农村金融差异化监管
2014年3月	《中国银监会农村中小金融机构行政许可事项实施办法》（中国银监会令2014年第4号令）	对农村商业银行、农村合作银行、农村信用社、村镇银行、贷款公司、农村资金互助社等农村中小金融机构的机构设立、变更与终止、业务范围和品种等进行规范

资料来源：整理自中国银行业监督管理委员会网站政策法规栏目，http://www.cbrc.gov.cn/。

表1-3　财政税务部门有关农村金融发展的政策（2009—2014年）

时间	政策名称	政策内容
2009年3月	《关于印发中央财政新型农村金融机构定向费用补贴资金管理暂行办法的通知》（财金〔2009〕31号）	中央财政对上年贷款平均余额同比增长，且达到银监会监管指标要求的贷款公司和农村资金互助社，以及上年贷款平均余额同比增长、上年末存贷比高于50%且达到银监会监管指标要求的村镇银行，按其上年贷款平均余额的2%给予补贴

005

续表

时间	政策名称	政策内容
2010年5月	《关于农村金融有关税收政策的通知》（财税〔2010〕4号）	自2009年1月1日至2013年12月31日，对金融机构农户小额贷款的利息收入免征营业税；对金融机构农户小额贷款的利息收入，在计算应纳税所得额时按90%计入收入总额；对农村信用社、村镇银行、农村资金互助社、由银行业金融机构全资发起设立的贷款公司、法人机构所在地在县（含县级市、区、旗）及县以下地区的农村合作银行和农村商业银行的金融保险业收入按3%的税率征收营业税；对保险公司为种植业、养殖业提供保险业务取得的保费收入，在计算应纳税所得额时按90%比例减计收入
2010年5月	《关于扩大农村金融机构定向费用补贴政策范围的通知》（财金〔2010〕41号）、《中央财政农村金融机构定向费用补贴资金管理暂行办法》（财金〔2010〕42号）	财政部门对符合规定条件的新型农村金融机构和基础金融服务薄弱地区的银行业金融机构（网点），可以按照该网点当年贷款平均余额的2%给予费用补贴
2011年10月	《关于延长农村金融机构营业税政策执行期限的通知》（财税〔2011〕101号）	将"对农村信用社、村镇银行、农村资金互助社、由银行业金融机构全资发起设立的贷款公司、法人机构所在地在县（含县级市、区、旗）及县以下地区的农村合作银行和农村商业银行的金融保险业收入减按3%的税率征收营业税"政策的执行期限延长至2015年12月31日
2014年3月	《关于印发农村金融机构定向费用补贴资金管理办法的通知》（财金〔2014〕12号）	对符合条件的新型农村金融机构和西部基础金融服务薄弱地区的银行业金融机构（网点），财政部门按其当年贷款平均余额的2%给予补贴
2014年12月	《关于延续并完善支持农村金融发展有关税收政策的通知》（财税〔2014〕102号）	自2014年1月1日至2016年12月31日，对金融机构农户小额贷款的利息收入免征营业税，对金融机构农户小额贷款的利息收入在计算应纳税所得额时按90%计入收入总额，对保险公司为种植业、养殖业提供保险业务取得的保费收入在计算应纳税所得额时按90%计入收入总额

资料来源：整理自财政部网站政策发布栏目，http://www.mof.gov.cn/index.htm/。

1.1.1.3 陕西农村经济转型需要农村金融市场的支持

陕西省地域狭长，东邻山西、河南，西连宁夏、甘肃，南抵四川、重庆、湖北，北接内蒙古，处于连接中国东、中部地区和西北、西南的重要位置。作为农业大省，截至2014年底，第一产业增加值为1 565亿元，比上一年增长5.10%，占生产总值的比重为8.80%；第一产业固定资产投资671亿元，比上一年增长28.10%；农村居民人均可支配收入为7 932元，比上一年增长11.80%。虽然经济发展势头良好，但与发达地区相比，陕西农村经济表现出欠发达、多层次、差异性和多样性的总体特征（王磊玲，2012）。

从整体来看，陕北地区虽然自然条件较为恶劣，但煤、石油、天然气的储量非常丰富，是全省、全国重点建设的能源化工基地，近年来部分具有资源优势的地区已实现经济"非农化"；关中地区是全省最主要的商品粮产区，经济基础好，以粮食生产为基础而发展起来的农副产品加工业、种植业、养殖业发展迅速；陕南地区动植物、金属矿产资源丰富，烟草、油料、茶叶等特色农业以及金属矿产业是区内经济发展的重点。虽然陕西农村经济特点鲜明，但是地理环境差异性使得农业发展受资源瓶颈的约束较大，与现代大农业矛盾突出；农村中小企业在部分地区发展迅速，也逐渐形成了200多家集生产、加工、销售于一体的农业龙头企业，但是农村经济整体的产业化程度较低。此外，从陕西农村居民的收入构成来看，2014年工资性收入（3 217元）与经营性收入（2 751元）占农村居民人均可支配收入总额的75.30%，是转移性收入（1 884元）与财产性收入（120元）对人均可支配收入增长贡献率的三倍多。可见，工资性劳务收入已经取代家庭经营性收入成为陕西农村居民收入的最主要来源，这也与农户生产经营活动的规模和水平处于较低层次而难以获得较高收益的现象有关。总的来说，当前陕西农业生产既有传统分散的小农家庭经营方式，又有现代化、产业化的生产方式，正处于从传统农业向现代农业过渡的关键时期，农村金融市场的有力支持必不可少。

1.1.1.4 陕西农村金融市场服务农村经济的功能有待提升

自我国农村金融市场开放进入实质性阶段以来，陕西农村金融市场得到了快速发展。截至2013年底，农村信用社（包括农村信用合作联社、农村合作银行和农村商业银行）涉农贷款余额1 842亿元，涉农贷款总量稳居全省银行业金融机构首位，是服务"三农"的主力。邮政储蓄银行成立于2007年，充分利用覆盖城乡的网络优势提升金融服务水平，截至2013年末省内营业网点达到1 271个，资产总额达到1 894亿元。新型农村金融机构首批试点在四川、青海、甘肃、内蒙古、吉林、湖北六省（区）的农村地区，2007年扩大到了全国31个省、自治区、直辖市，截至2014年底，陕西省内村镇银行机构网点22个，小额贷款公司机构网点253个。

整体来看，农村金融机构的类型与数量得到了提高，覆盖面得到了拓展，农村金融市场整体资金供给能力有所提高，但是仍然存在一些问题。一是农村信贷产品单一，主要为农户小额信贷和农户联保贷款，现有贷款单笔授信额度较小，难以满足随着农业产业化发展而增长的资金需求，存在信贷缺口。二是金融机构偏好于生产能力较强的"优质农户"，数量众多的、生产经营规模较小的"非优质农户"难以获得有效资金支持（王佳楣等，2014）。三是多数乡镇企业和农村中小企业在申请贷款时受自身条件限制，难以获得担保或缺乏有效抵押物，从而无法满足金融机构贷款审批要求，依然面临融资难的问题。因此，进一步提高陕西农村金融市场开放度和市场效率，加强金融产品和服务的创新，完善金融服务系统，提升农村金融对农村经济发展的服务功能迫在眉睫。

1.1.2 理论背景

金融是现代经济的核心，金融理论是随着经济与金融活动的日益扩大和丰富而不断完善与发展的。20世纪60年代，由发展中国家金融问题研究而逐步形成的金融发展理论，探讨了金融发展与经济增长之间的关系；70年代初的"金融抑制与金融深化"理论将这一研究引入了更深层次；90年代初，在亚洲金融危机的冲击之下，"金融自由化顺序论"对发展中国家金融实践的经验进行了总结。此外，西方20世纪五六十年代金融的创新浪潮，对金融各要素进行重新组合与创造性变革，带来了金融制度、金融业务和金融组织的深刻变革，金融创新理论也应运而生。

目前的农村金融研究正是以现代金融理论为基础，在农村经济转型背景下，对农村金融的发展方向、政府监管与市场机制的关系、农村金融深化及农村金融体系构建等问题进行探讨，从而通过实践来进一步发展完善农村金融理论的。因此,将制度变迁理论、局部知识理论引入农村金融市场研究,从开放的视角探究陕西农村金融市场效率现状,分析农村金融市场开放与效率之间的作用机制,寻求提升陕西农村金融市场功能的有效途径,不仅具有进一步改善"三农"问题和推动农村经济发展的现实意义,更具有发展完善农村金融理论的深远意义。

1.2 研究目的与意义

1.2.1 研究目的

本书综合运用制度经济学、农村金融学等多学科理论,采用规范分析与实证分析相结合的研究方法,探讨了陕西农村金融市场开放、效率以及开放对效率的影响机制,以期实现以下几个目的:

1. 了解陕西农村金融市场的开放状况。对陕西农村金融市场开放的历史进程进行梳理,从制度变迁视角对陕西农村金融市场开放的特征及演进趋势进行分析,依据农村金融市场发展特点构建开放度评价指标体系对陕西农村金融市场的开放度进行量化评价,以期深入了解陕西农村金融市场开放的状况。

2. 了解陕西农村金融市场开放以来农村金融市场效率现状。在已有研究的基础上构建农村金融市场效率评价指标体系,从金融支农效率和机构运行效率两个层面对陕西农村金融市场效率状况进行实证分析,形成对陕西农村金融市场效率现状初步认识。

3. 探索陕西农村金融市场开放对农村金融市场效率的影响机制。在对农村金融市场开放、农村金融市场效率研究的基础上,分析农村金融市场开放对金融支农效率和机构运行效率的影响,以期了解陕西农村金融市场开放对农村金融市场效率的影响机制。

4. 分析陕西农村金融市场开放对农村金融市场效率影响机制的市场表现,并从农村金融市场开放内部的金融发展和外部的金融环境来探索其成因,以期提出促进陕西农村金融市场开放与农村金融市场效率良性机制形成的政策建议与对策。

1.2.2 研究意义

本书的现实意义主要体现在以下几个方面:

第一，自2005年人民银行推行商业化小额贷款公司试点以及2006年银监会调整和放宽农村地区银行业金融机构准入政策以来，农村金融市场的开放已进入实质性的操作阶段，经过一系列的适应、发展，陕西农村金融市场的开放程度到底如何备受关注。因此，评价陕西农村金融市场的开放度，通过开放度排序对县域的农村金融市场发展做出调整，对发挥农村金融对农村经济的推动作用具有重要现实意义。

第二，小额贷款公司和新型农村金融机构进入农村金融市场以来，是否促进了农村金融市场效率提升，需要一个清晰的答案。因此，从金融支农和机构运行两个层面构建指标体系，评价开放环境下的陕西农村金融市场效率现状，对于准确把握陕西农村金融市场的发展脉络具有重要意义。

第三，通过分析农村金融市场开放对农村金融市场效率的影响机制，厘清开放政策如何推动农村金融市场结构、规模和深度的变化，从而对农村金融支农效率和机构运行效率产生怎样的影响，能够为农村金融市场开放的继续推进和农村金融机构治理提供参考和借鉴，对农村金融体制改革意义重大。

此外，本书在理论层面也具有一定的研究价值：一是从局部知识理论出发，将小额贷款公司和新型农村金融机构进入农村金融市场定义为农村金融市场开放，并建立指标体系对开放度进行评价，丰富了农村金融理论。二是在已有文献基础上重新界定了农村金融市场效率这一概念的内涵，并构建了农村金融市场效率评价体系，为金融市场效率在农村地区的研究提供了启示。三是将制度变迁理论运用于农村金融市场开放研究，拓宽了制度经济学的适用范围，也为农村金融研究提供了新思路和新视角。

1.3 国内外研究动态

本书的核心是农村金融市场开放对效率的影响机制，需要在对国内外农村金融市场开放、农村金融市场效率已有研究文献梳理的基础上，才能进一步对作用机制进行探讨。

1.3.1 国外研究动态

1.3.1.1 农村金融市场开放研究

对农村金融市场开放的讨论，国外学者主要集中在农村金融市场体系建设、农村金融组织发展、非正规金融发展方面。

1. 关于农村金融市场体系建设的研究。一些学者着眼于目前亟待解决的农村金融市场准入问题，如 McKinnon（1973）和 Shaw（1973）认为，在许多发展中国家，因为存在金融抑制，对于金融的二元性带来的农村资金供求矛盾突出问题，可以通过降低市场准入的限制和减少市场分割来改善。另一些学者关注于农村金融市场的未来发展方向，对应该建立什么样的农村金融市场进行了讨论。如 Yaron 等（1998）指出，长期看来，政府干预措施只能作为辅助性工具，国家与政府应致力于营造一个有利于农村金融市场发展的法律和政策环境，从而通过自我维持能力良好的农村金融机构来协调农村信贷市场。如 Fleisig 和 De La Peña（2003）也认为农村金融市场的运作依赖于法律基础和习惯、方法等非法律基础约束条件，吸引资金流入农村金融市场的关键在于金融机构准入和退出机制的立法，因此政府应该加强在保证农村金融安全、维护农村金融组织运行、保证贷款合同履行、健全金融机构准入和退出机制、明确土地使用权与所有权等方面的立法。如 Heidhues 等（1998）则讨论了罗马尼亚农村金融市场当前的深度和未来的发展，认为构建一个满足农户和其他农村居民金融需求的高效农村金融体系，在农村金融系统层面，需要建立一个有效的监管框架，中央银行应不受政府干预地对银行运作进行有效的内外部控制；在农村金融机构层面，为了提高金融中介效率，需要在贷款审批上给予效率和信贷价值最高优先级；在农村金融服务层面，组织管理程序和金融产品设计应该满足客户需求。

2. 关于农村金融组织发展的研究。关于农村金融组织的产生，Patrick（1966）曾提出两种模式：一是"供给领先"模式，农村金融组织及相关金融服务的供给导致了农村经济主体金融需求的产生，供给先于需求；二是"需求追随"模式，经济主体在经济的增长中产生的对金融服务的需求，导致了金融机构和相关金融服务的出现，需求先于供给。他认为，这两种模式与农村经济发展的不同阶段相适应，供给领先型金融模式在经济发展早期居于主导地位，需求追随型的金融模式将随经济发展，逐渐居于主导。在这之后，学界对农村金融组织发展的研究多从制度环境与自身治理结构两个方面展开。前者如 Schrieder 和 Heidhues（1997）对金融深化在罗马尼亚金融市场尤其是农村金融市场的状况进行了分析，结果表明其金

融深化程度远远低于其现有国民生产水平本应达到的金融深化程度。农村金融组织的高效运营需要四个方面的创新：保持稳定的宏观经济、法律和货币政策；改革、创立新机构，提高申请、批准以及监督程序的效率；根据客户需求进行服务创新，以便能够有效地向农村小型企业提供金融服务。如 Argent（2000）通过研究公共农业金融机构在澳大利亚、新西兰的产生及发展变化，指出通过放松管制建立自由市场来减轻政府对农业信贷配置的扭曲是最适合农业部门的信贷方案。认为改变农业贷款市场结构的根本，一是通过机构重组改革农村金融机构产权制度使之商业化，二是取消公共农业贷款供给商，但这样也存在无法满足农户在优惠的长期贷款方面的需求这一弊端。如 Sriram 和 Rajesh（2002）以印度为例从组织规模、多元化服务、服务焦点、财务可持续性以及税收方面研究了农村微型金融组织的增长和转型，认为应该允许微型金融组织参与更为复杂的金融组织形式以便实现其可持续发展，保证其真正达到服务于农村金融的目的。还应该允许非政府组织投资微型金融组织以便提升银行的股本。如 Burgess 等（2005）则研究了印度中央银行一项农村金融分支机构扩张政策的影响，分析发现这一扩张改变了农村的生产活动和雇佣行为，显著减少了农村地区的贫困，增加了非农产出，从而起到了收入再分配作用。后者如 Yaron（1994）通过对亚洲四个成功的农村金融机构发展历程的回顾，对比了其在金融政策、操作模式、激励机制和财务方面的表现，认为国家或出资方在支持农村金融机构发展时应建立有效的治理结构，通过管理系统、激励机制、员工培训等措施，使其成为机制独立、自主经营、平衡良好的金融机构。同时指出，由于较高的风险和交易成本以及越来越多的贷款损失，许多小额信贷组织几乎没有达到帮助农村居民促进其自身可持续发展的目的。如 Ouattara 等（1999）则研究了影响贫困国家农村金融互助组织运行表现的因素，包括金融产品性质、储蓄动员战略、金融服务范围、自身可持续性、制度安排以及组织结构之间的联系，分析了三类农村金融互助组织在金融服务、存贷款方面的优点和不足，既肯定了乡村银行在信息收集上的优点，也指出了其在产权、规模上的缺点。

3. 关于非正规金融发展的研究。一些学者通过比较正规金融与非正规金融现状，研究了农村非正规金融组织，如 Khandker 和 Faruqee（2003）在调查了巴基斯坦农业信贷之后指出，在农业发展中，正规贷款和非正规贷款作用同等重要，虽然出于农业生产高风险性考虑，在政府支持下正规贷款机构提供的生产贷款远高于非正规贷款机构，但是往往存在较高的贷款违约成本，正规贷款机构虽然有利于提高家庭福利，然而事实上却是大农户获得了大部分融资。如 Tsai（2004）在对比研究中国和印度农村金融市场后发现，除了特定形式的小微型金融机构，银行监管机构对大多数形式的非正规金融发展进行限制，这一政策主要是为了提高低收入企业的信贷可得性和减少其对高利贷的依赖。然而事实上，由于正规金融供给、货币政策执行、地方经济分割、正规金融组织缺陷等原因的存在，非正规金融却受到了小微金融潜在客户的依赖。另一些学者，如 Seibel（2001）的研究主要在于非正规金融的合法化，研究指出非正规金融机构进入农村金融市场以来，在经营规模、服务范围和机构可持续性上仍然受到限制，提出了非正规金融正规化的观点。认为应该通过主流化进入激励机制、在缺乏金融服务的区域建立新的机构、将非正规金融机构与银行相联系、加强非政府组织发起人的实践、营造宽松的政策环境、完善审慎监管和委托监督法律形式等措施，帮助非正规金融机构进行经营管理改革，并使其能够融入到更广阔的金融市场中，有助于农村金融市场的深化、可持续发展和服务范围的扩大。

1.3.1.2 农村金融市场效率研究

国外学者往往是将对金融市场效率的讨论直接延伸到农村金融领域，来进行农村金融市场效率的研究。一些研究关注于金融市场效率的界定，如 Do 和 Gorton（1997）认为由于金融产品自身的特殊性，以及其在资源配置中作用的特殊性，金融市场效率除了信息效率外，还包括运行效率、市场分配效率。另一些研究则是从资源配置角度对金融市场效率进行判断，如 Stiglitz 和 Weiss（1981）认为资源的配置，即使是在竞争性显著的有效金融市场上，也可能无法达到帕累托有效。更多的学者热衷于通过实证对农村金融机构的运行效率进行评价，如 Yaron 和 Mundial（1992）用覆盖面和自我持续性两个指标衡量了农村金融机构的业绩，认为对农村金融市场的评估应考虑政策环境、法律和监管体系、市场失败因素、信息不完全、信息交流局限性、政策干预的效力等因素。如 Ellinger 和 Neff（1993）在评估农村金融机构效率时，运用了随机成本边界法和非参数成本边界法，并用对数成本函数估计了农村金融机构成本关系中随机成本的边界。如 Sathye（2003）则是用数据包络分析法（DEA）研究了印度银行业中公共拥有的、属于私营企业的、外商独资的三种类型银行的产出效率，发现印度银行的平均效率得分优于世界平均得分，建议通过减少不良资产和合理化员工与分支机构来继续提高效率。

在农村金融市场开放与农村金融市场效率的关系问题上，国外学者涉及较少，个别学者如 Collender（1996）将研究重点放在了政府对农村金融市场的干预问题上，他指出通过立法和监管提高农村金融市场效率的同时也损害了农村市场效率，即使政府最初是出于保护农业和农户的目的，这一问题的解决需要降低农村金融市场的准入门槛和减少市场分割。

1.3.2 国内研究动态

1.3.2.1 农村金融市场开放研究

对农村金融市场的开放，国内学者基于农村金融改革背景，从农村金融市场建设、农村金融组织发展、非正规金融发展展开了研究。

在农村金融市场建设上，郑泽华（2004）认为，让底层金融交易行为发展出更多的更大市场所需的上层组织，使得国家对农村金融制度的外在供给让位于底层自发性对农村金融制度变革的内在需求，以形成一个稳定的农村金融制度结构，这是从准入与退出条件上开放农村金融市场的宗旨。李明昌（2006）则认为某一类金融机构不能覆盖整个农村金融市场，要把政策金融、商业金融功能边界分清楚，通过政策引导，最终形成一个开放、多元、竞争的农村金融市场，以满足不同地区、不同水平农村金融需求的动态变化。

关于农村金融组织发展的研究，王广谦（1997）与周立（2010）认为我国农村金融发展内在的市场化，要求农村金融市场开放，而农村金融组织的治理结构完善与否，则是开放的关键。徐忠（2008）也认为优化农村金融组织的治理结构，是市场化开放的核心，指出资本重组是农村信用社的唯一选择，非存款类的信贷机构值得大力发展，对正规金融机构参与农村金融市场的优缺点要充分估计。何广文（2008）认为政府需要对农村金融市场在开放中的市场失灵进行弥补，因为该市场具有准公共物品性质；在开放的模式中，依据市场化的改革要求，新增农村金融机构要重点完善治理结构，传统的"存量"农村金融机构要进行改革、重组。

在对非正规金融发展的研究中，王曙光（2007）分析认为竞争主体多元化是农村金融市场开放的未来趋势之一，因此通过开放政策将民间金融纳入监管体系，使其合法、合规地阳光化发展，能够盘活民间金融，更好地满足农户资金需求。李雅宁（2009）的实证研究则表明，正规农村金融机构资金供给不足、地区不均衡使农村资金回报率低，从而外流严重，非正规金融机构在信息、抵押、交易成本上的优势更适应农村市场，建议通过改革正规金融机构、规范非正规金融机构来优化农村金融市场结构。

1.3.2.2 农村金融市场效率研究

国内学者对农村金融市场效率的研究，则是基于我国农村金融现实问题，将金融市场效率内涵作为研究起点，从资源配置效率、正规金融与非正规金融效率以及开放与效率关系的视角进行探讨的。

1. 金融市场效率的内涵。对于金融市场效率的界定，王广谦（1997）认为金融市场效率是金融效率的一部分，是对金融运作能力的衡量，包括金融机构效率、金融的宏观效率和中央银行对货币调控效率三个层次。杨德勇（1998）也认为金融效率最重要的组成部分就是金融市场效率，它是指金融市场在资金的动员、资金的调节、资金的分配上的效率，可以从金融市场的规模、结构、成熟程度来分析。叶望春（1999）进一步指出，金融商品价格是否能对各类信息灵敏地反映、各类金融商品价格是否具有稳定均衡的内在机制、金融商品数量及创新能力、金融市场规避金融风险的能力、市场交易成本大小均体现了金融市场效率。王振山（2000）则将金融效率定义为金融资源配置达到帕累托最优状态，认为金融市场效率就是在一个健康、有效的金融监管体制下，金融中介（各类金融机构）协助金融市场中的融资双方完成资金融通活动的效率。

2. 农村金融市场的资源配置效率。一些学者如谷洪波和王文涛（2007）分析认为我国现阶段农村金融市场的资源配置，具有供给与需求的抑制性并存、金融资源流动与配置的逆向性并存的特点，供需双方的信息不对称是产生抑制的一个因素，合作金融法人机构的产权不清扭曲了它的运行和配置功能，正是不完全竞争的市场结构造成了农村金融市场资源配置的外部不经济，农村金融资源配置效率十分低下。崔红等（2008）认为我国农村金融市场垄断程度较高且有日益提高趋势，较高垄断性的农村金融市场降低了市场配置效率，不利于利率市场化演进且难以满足农村不

同主体的需求。另一些学者则是通过实证对农村金融市场的资源配置效率状况进行了分析，如谷慎等（谷慎，2006；谷慎和李成，2006）实证发现，投资者的投资组合在我国农村金融市场上没有实现最优，现阶段这一市场的资源配置效率低下，是由于农村经济二元结构所导致的农村金融服务功能弱、金融结构单一、利率缺乏弹性，从而使投资者无法按照偏好选择，无法满足需求，建议通过创新农村金融制度实现效率改进。温涛和熊德平（2008）的实证研究表明农村资金配置效率虽然整体状态平稳，但是存在着地区差异，西部地区明显低于东、中部地区，农村金融市场的资金投入不足和配置效率低下共同束缚了农村经济的发展。人民银行课题组（2008）分析了江西省的案例，认为农村金融市场效率是金融资源配置的结果，欠发达地区经济总量小、经济结构不合理，金融业内部发展不平衡、市场融资能力弱、金融生态环境不乐观是效率低下的原因所在。基于社会资本能否主动从低回报率部门流向高回报率部门是考察资源配置效率的关键这一思想，李国璋等（2010）证实了金融抑制是拉低欠发达地区农村金融市场效率的根本原因。

3. 正规金融与非正规金融的效率。已有文献对正规金融组织和非正规金融组织的效率进行了比较分析，如刘旭华（2004）认为在欠发达地区的农村金融市场上，正规金融机构的县域整合退出使民间借贷对银行借贷产生了替代效应，民间借贷资本弥补了银行借贷不愿触及的高风险低效益的农业生产和个体经营，从而提高欠发达地区农村二元金融市场效率的根本在于降低银行借贷融资成本和民间借贷利率。李世美（2006）认为我国农村金融市场上，正规金融主体有限，不利于竞争，正规金融市场与非正规金融市场之间由于服务定位差异、利率调节失效，竞争效率也很低。彭文平（2007）认为正规金融市场与非正规金融市场共存表现为平行竞争与垂直合作，在区分高质量和低质量借款人的假定下，当信息对称时只存在正规金融市场并且满足了高质量借款人的全部需求，金融资源配置是帕累托有效的；当信息不对称时，潜在借款人无差异，两类市场资源配置效率递减且低于帕累托有效。

4. 农村金融市场开放与效率的关系。对此问题的研究，国内学者集中在引入市场主体如何影响区域金融供给和支持区域经济发展上。如谭小芳和白璐（2009）研究发现，农村金融市场效率低下是制约农村经济发展的关键，而农村金融市场上的政府失灵，是其效率低下的主要原因，建议通过引入开发性金融来实现政府意图，提高农村金融市场效率，促进农村经济发展。程炳友（2009）在研究了农村金融市场的效率机制后发现，在金融对经济增长的贡献率上，农村地区的低于全国平均的；农村金融机构产权、农村金融市场利率、农村金融业务效益、农村经济深化程度等方面的问题，共同导致了效率的低下，建议引入增量金融机构形成竞争性市场来提高农村金融市场效率。邓建军（2010）认为通过开放农村金融市场，设立新型农村金融机构不仅可以实现农村金融交易行为，提升农业资源配置效率，还可以激活农村金融市场，使金融机构自身的福利向整个农村甚至向全社会扩散。

1.3.3 国内外研究动态述评

总的来说，国外学者研究农村金融市场的开放，早期多关注于经济转型背景下发展中国家的农村金融发展，从政府干预与市场机制的关系角度对农村金融理论进行了充实完善，后期多从金融自由化视角对农村金融深化问题进行讨论，在此基础上从政策环境、法律体系等层面分析了如何构建一个稳定的农村金融制度结构。国内学者则是以西方的金融理论为指导，分析了我国农村金融体制改革中的实际问题，讨论了农村金融市场的前进方向、农村金融组织的建立以及非正规金融合法化等问题。学界对农村金融市场效率的研究，是以对金融市场效率内涵讨论作为起点，将其延伸到农村金融领域然后进行研究的，国外学者多关注于金融机构运行效率的分析，国内学者则从资源配置效率、机构运行效率、正规金融与非正规金融效率视角进行了深入研究。

综上所述，虽然已有研究为本研究提供了借鉴，但是仍然存在一些不足。首先，对农村金融市场开放的定量研究不足，欠缺系统性的指标体系对开放程度进行评价，难以对农村金融市场的开放从结构、规模、深度这些不同角度进行评判比较。其次，在农村金融市场效率的衡量上，已有研究虽然仁者见仁智者见智地选取了金融指标对资源配置效率、机构运行效率进行了衡量，但是在农村金融市场内部机构可持续性指标和外部对经济贡献度指标的综合使用上有所欠缺，对农村金融市场效率的评价上略有不足。再次，已有研究在对农村金融市场开放与效率关系的研究上比较欠缺，多数研究单一地分析了市场结构变化对单一类型效率的影响，欠缺在农村金融市场的结构开放、规模开放、深度开放对农村金融市场效率作用机制上的探讨，提出的对策、建议也有待深化。因此，本书将以对国内外研究的述评作为起点，选取陕西这一具有典型特征的农村金融市场来研究农村金融市场开放、效率及开放对效率的影响机制。

1.4 研究思路、研究内容及研究方法

1.4.1 研究思路

本书主要研究了陕西农村金融市场开放、效率及开放对效率影响机制问题。研究的基本思路：首先，对国内外已有的研究成果进行梳理，寻求本研究的切入点；设计理论分析框架，对相关理论进行阐述，作为本研究的理论基础。其次，回顾了陕西农村金融市场开放的历史进程，以制度经济学为指导分析了陕西农村金融市场开放的特征及演进趋势，继而从市场结构、市场规模、市场深度的角度构建指标体系，对陕西农村金融市场的开放度进行了量化评价。再次，选取指标从金融支农、机构运行构建评价体系，对陕西农村金融市场效率水平进行了量化评价。最后，在对市场开放、市场效率讨论的基础上，分析了陕西农村金融市场开放对农村金融市场效率影响机制的表现及成因，并据此提出了政策建议与对策。

根据研究思路，陕西农村金融市场开放、效率及开放对效率影响机制研究的技术路线图如图 1-1 所示。

1.4.2 研究内容

按照以上研究思路，本书将主要讨论以下几个方面的内容：

第一，陕西农村金融市场开放的状况如何？本书首先从制度变迁视角对陕西农村金融市场开放的进程、特征及演进趋势进行了分析，其次在县域数据基础上构建指标体系，从市场结构、规模、深度方面评价了开放度。

第二，自开放进入实质性发展阶段以来，陕西农村金融市场效率状况如何？本书在县域数据的基础上，从农村金融市场外部的支农效率以及内部的机构运行效率，对效率状况进行了评价。

第一章 导　论

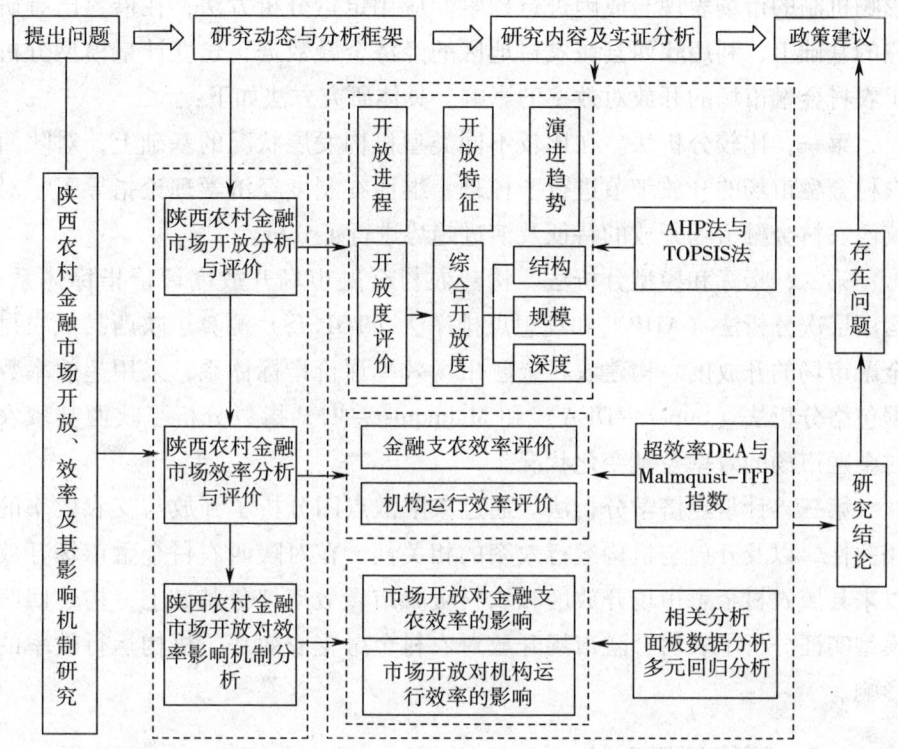

图 1-1　技术路线图

第三，陕西农村金融市场的开放对效率影响的良性机制是否已经形成？本书从两个方面分析并实证了开放对效率的影响机制，一是开放对金融支农效率的影响，二是开放对机构运行效率的影响。

第四，针对陕西农村金融市场开放对效率影响机制的市场表现及成因，本书从促进农村金融市场开放，提升农村金融市场效率，推动开放与效率同步协调方面给出了促进农村金融市场发展的政策建议与对策。

1.4.3　研究方法

本书将以局部知识理论、制度经济学理论、农村金融理论等作为指导，综合采用定性分析与定量分析相结合的方法，分析陕西农村金融市场开放、效率以及开放对效率的影响机制。应用定性分析方法，对农村金融市场开放、农村金融市场效率的概念进行界定，对农村金融市场开放的进程、特征及演进趋势进行分析，对农村金融市场开放对农村金融市场效率影响机制的市场表现与成因进行探索。应用定量分析方法,在借鉴已有研究的基础上,利用陕西县域农村地区的经济金融数据,建立计量模型分析了农村金融市场的开放对效率的影响。具体研究方法如下:

第一,比较分析法。在比较不同类型机构发展状况的基础上,对陕西农村金融市场的开放细节进行了梳理,继而在制度经济学理论指导下,对陕西农村金融市场开放的特征及演进趋势进行了分析。

第二,指标和模型分析法。构建农村金融市场开放度评价指标体系,运用层次分析法(AHP)和理想点排序法(TOPSIS)测算了陕西县域农村金融市场的开放度。构建农村金融市场效率评价指标体系,采用超效率数据包络分析法(Super－DEA)和Malmquist－TFP指数分析了陕西县域农村金融市场的效率及其变化状况。

第三,计量经济学分析法。通过象限散点图分析了开放与支农效率的相关性,以及开放与机构运行效率的相关性。在对陕西农村金融市场开放以来县域农村金融市场开放度和农村金融市场效率评价基础上,构建回归模型实证分析了农村金融市场开放对农村金融支农效率、机构运行效率的影响。

1.5 可能创新之处

根据现有的研究思路和研究内容,本书研究的可能创新之处有以下几点:

1. 设计了"开放政策—市场结构、规模、深度—市场效率"的分析框架,发现了陕西农村金融市场的开放并未促进金融支农效率的提高,开放对农村信用社机构运行效率具有显著的正向影响,对小微农村金融机构运行效率的影响却不显著,农村金融市场开放在现阶段并未对农村金融市场效率形成良性的影响机制这一结论,这是本书研究的一个可能创新之处。

2. 将制度变迁理论引入开放分析,认为陕西农村金融市场的开放,将内在的诱致性变迁与外在的强制性变迁相结合是有必要的,不能偏重其一;并选取经济金融指标构建了农村金融市场开放度评价体系,在此基础上通过量化比较发现自开放以来陕西农村金融市场综合开放度整体呈现上升趋势,开放度在市场结构方面的提升非常显著,在市场规模和市场深度方面却整体呈现波动趋势,是本书研究的一个可能创新之处。

3. 从金融市场应具备满足农业生产、农民消费和农村发展功能的视角出发定义了金融支农效率，并将判断机构可持续性的农村金融机构运行效率与之结合，构建了农村金融市场效率的评价体系，发现自开放以来，陕西农村金融市场的支农效率得到了提高，村镇银行引入区的金融支农效率平均水平远高于整个小微农村金融机构引入区的平均水平，但是样本农村金融机构中仅有不到三分之一的机构运行效率处于效率前沿面上，这一结论是研究的另一个可能创新之处。

第二章 农村金融市场开放、效率及其影响机制理论基础

本章在对农村金融市场开放和农村金融市场效率概念界定的基础上，初步构建了理论分析框架，从局部知识理论、制度经济学理论、农村金融理论等对农村金融市场开放、效率以及开放对效率的影响进行理论综述，为本书研究陕西农村金融市场开放、效率以及开放对效率影响机制问题提供理论基础与研究依据。

2.1 概念界定及研究范围

农村金融市场，是关注于向农村地区提供信贷以及其他金融服务，从而促进农村经济发展、提高农民收入水平的特殊金融市场。从逻辑角度看，农村金融市场是金融市场在农村领域的延伸。于丽红（2009）的研究表明，正是社会和经济发展的不平衡打破了金融市场的完整性，从而导致了农村金融市场的出现。在目前阶段，农村金融市场主要是指农村信贷市场，也是本书研究展开的对象。

2.1.1 农村金融市场开放的界定

一般而言，金融开放具有静态和动态两方面的内涵。从静态来看，是一个地区允许多种类型金融机构通过不同业务形式向本地区客户提供金融服务，从而满足不同层次金融需求。从动态来看，是一个地区逐步放宽金融市场准入限制和业务经营限制，建立平等、自由的竞争环境，推动金融市场一体化。以实现资源优化配置为目标的广义农村金融市场开放，主要表现在开发金融衍生产品、扩大金融服务范围与增加金融供给主体上；狭义的农村金融市场开放则仅仅是指农村金融供给主体的增加，具体表现在"存量"金融机构的改革重组与"增量"金融机构的建立完善上。因此，本书从农村金融供给主体增加的视角出发，将小额贷款公司和三类新型农村金融机构（村镇银行、小额贷款公司和农村资金互助社）进入农村金融

市场定义为农村金融市场的开放，在此基础上对农村金融市场开放进行研究。

2.1.2 农村金融市场效率的界定

评价农村金融市场效率，内部的农村金融现状与外部的农村经济增长两个方面都是需要考虑的（梁邦海和黄顺绪，2008），发展良好的农村金融市场既应具备满足其内部各类金融组织在竞争性市场环境下有效运行的功能，又应具备满足来自农业生产、农民消费和农村发展金融需求的功能（周立，2010）。因此，本书所定义的农村金融市场效率，既包括衡量农村金融机构可持续性的机构运行效率，又包括衡量农村金融对农村经济贡献率的金融支农效率。

2.1.3 研究范围

由于本书的农村金融市场开放是以小微农村金融机构（小额贷款公司和新型农村金融机构）进入为起点，同时考虑到机构获批设立到正常营业存在过渡期，故本书以2008年为基期，以2012年为比较期，研究陕西农村金融市场的开放、效率以及开放对效率的影响机制。对于农村金融市场开放的研究，采用开放度这一囊括农村金融市场机构数量、市场规模大小、市场深化程度的综合性指标来衡量，取代了以往研究中单一的市场集中度指标。对于农村金融市场效率的变化，则既要反映农村金融市场中金融组织的自身可持续状况，也要反映农村金融市场对农村经济发展的支持状况，因而采用了包含内部可持续性的机构运行效率和外部贡献度的金融支农效率来衡量。机构运行效率通过比对农村金融机构运行的投入与产出，来衡量其财务可持续性；金融支农效率通过用农村金融市场投入的金融资源与农村市场经济产出的比对来衡量，其中机构运行效率是指小微农村金融机构和传统农村金融机构各自的运行效率。

2.2 理论分析框架

从理论上讲，市场开放带来市场结构的变化继而对市场绩效产生影响，这一过程往往体现在对资源配置帕累托最优的改进上。资源配置的优化能够提高市场绩效，配置方式有自由化与政府干预两种，前者实质是让市场的价值规律、竞争机制和供求规律在资源配置中起决定性作用，后者是政府通过对市场信息的观察，制定相应措施调节资源配置。对于发育完善的市场，市场机制能够引导资源遵循最小投入最大产出的价值规律实现效益的最大化，但是对于信息不完全的市场，政府通过相应的制度安排对资源配置进行干预能够降低经济交易活动成本，政府政策的引导在经济效益改进上是不可或缺的。如果想要获得预期的市场绩效，就要积极改善不合理的市场结构，有效的公共政策作为一种外部冲击，可以直接作用于市场结构，引导市场行为、维护竞争秩序，从而促进市场绩效的提高（Bain，1968）。因此，对于农村金融市场，开放政策的实施意味着政府通过制度安排一定程度上降低了农村金融市场的进入壁垒，小微农村金融机构进入农村金融市场，通过改变金融供给格局对市场结构进行了调整；市场结构的变化推动了农村金融市场向完全竞争趋势扩张，竞争的加剧促使农村金融机构通过市场细分、服务下延、产品创新等经营活动来提升运行效率追求收益，从而带来了市场规模和市场深度的变化，改变了原有的供求非均衡状态，影响农村金融市场的金融支农效率。图2-1即为农村金融市场开放、效率以及开放对效率影响机制的理论分析框架。

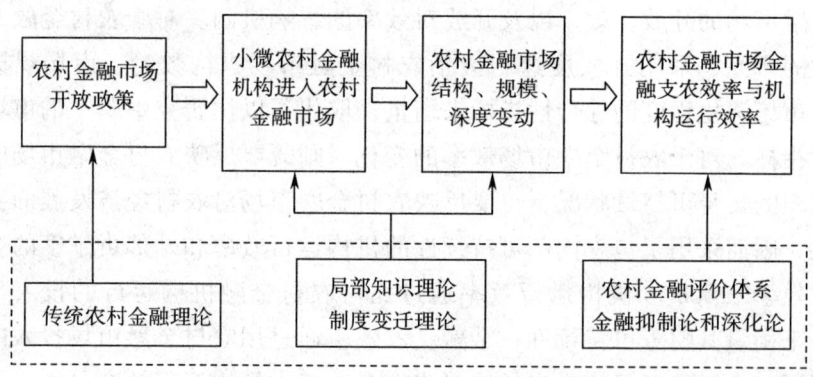

图2-1　农村金融市场开放、效率及开放对效率影响机制的理论分析框架

2.3　理论依据

农村金融市场开放，依据的是哈耶克（Hayek F. A）的局部知识理论与制度变迁理论；农村金融市场效率评价，参考了亚伦（Yaron. J）的农村金融评价体系，以及麦金农（McKinnon. R I）与肖（Shaw. E. S）的金融

抑制论、金融深化论；20世纪的传统农村金融理论，则是发展中国家政府通过农村金融政策干预市场的理论依据。

2.3.1　农村金融市场开放与局部知识理论

哈耶克（Hayek，1937；Hayek，1945）认为知识仅仅是一定条件下的知识，始终并且只能相对于从事某种行为的个体而存在。这种知识被哈耶克称为"局部知识"（Local Knowledge）或"相关知识"（Relevant Knowledge）。局部知识分散存在于个体的实践之中，并且可能缺少恰当表达这种知识的能力，从而每个个体的一些知识相对于其他个体就成为"默会知识"，虽然可以在小群体内通过某种言传身教的方式不言自明，但在更大的范围来看，它只能表现为一种为不同的个体所拥有的知识。对于个体而言，每个个体所掌握的特定知识（可能是独一无二的信息、技术等）会使该个体在某一时刻或某一领域比其他个体更具优势，那么该个体就会成为某一段时期内或某一领域内的关键。知识分工（Division of Knowledge）要求对于整体经济形势的把握需要由人们来共同完成，而具体可以得到什么样的整体知识则取决于每个个体所能传达出来的知识。对于一个不完全竞争市场，哈耶克认为在特定的时间和地点上存在着许多分散的局部知识，只有知识分工才能够对这些分散的局部知识具有针对性的运用，那么如何发现这些局部知识就成为知识分工的前提。作为一种发现过程，一方面，竞争推动市场向完全竞争性市场逼近，有利于通过发现局部知识促进知识分工的深化；另一方面，知识分工的发展也反过来促进了市场竞争水平的提升。

发展中国家的农村金融市场，是存在着严重的信息不对称问题的不完全竞争市场，完全可以通过竞争机制，发现并使用这些处于分散状态的局部知识，推进市场由不完全竞争向完全竞争演进，至于政府是否干预，则需要斟酌（冯兴元等，2005）。此外，对于分散的局部知识，大型金融机构在贷款上更偏好具有财务报表等硬性信息的大企业，而不是信息分散不易收集的农户，从而更加剧了信贷配给（罗富民，2008）。相比较而言，定位于服务农村地区、地方经济的区域性小微金融机构，却是局部知识最有效的利用者，能够有效缓解信息不对称问题。因此，农村金融市场开放在一定程度上降低了市场准入门槛，小额贷款公司以及新型农村金融机构

这类小微金融机构进入农村金融市场，对于建立竞争性的农村金融市场和优化金融资源配置至关重要，多样化、竞争性的农村金融机构更能缓解信息不对称造成的信贷配给。

2.3.2 农村金融市场开放与制度变迁理论

农村金融市场的开放，正是农村金融制度不断变迁的动态过程和静态结果。对于制度变迁的产生，诺斯（2008）认为它是制度稳定性、环境变动性和最大化利益之间博弈的结果。制度变迁，实质是高效率制度对低效率制度的替代过程。依据林毅夫（2003）的研究，制度变迁的方式可以分为：诱致性制度变迁与强制性制度变迁。诱致性变迁，是指现有的制度的改变、替代或者创造，是由一部分能够从这种制度变动中或者未来的制度安排中获利的主体，自发地、积极地倡导、组织和实行的；这种变迁方式具有自下而上、试点验证、先易后难的渐进式推进特点。强制性变迁，则是指对旧有制度的改革由政府通过法律、法规等强制性的手段推动，这种变迁方式具有自上而下、安排迅速、约束性强等特点。诱致性变迁与强制性变迁在制度变迁的整个过程中会出现交叉。一般而言，制度变迁的初始往往来自基层主体，比如微观经济主体的需求在现有制度环境中不能得到满足，而产生的制度局部调整，当制度局部的变动发展到一定程度时，政府通过试点论证对制度变迁的效果做出评判，从而通过政策、法令等手段对制度变迁的未来方向做出指导，以便形成新的均衡结果。

诺斯（2008）指出，制度变迁沿着既有路径可能会有两个演进方向：一是进入良性循环路径，制度会不断被优化，二是顺着既有错误路径下滑，制度会被"锁定"，这两种现象称为路径依赖（Path Dependence）。"路径依赖"类似于物理学中的惯性，事物一旦进入某一路径，会不断自我强化，从而可能对该路径产生依赖。根据制度变迁路径的这一特性，对于完全竞争性的或接近于完全竞争性的市场，只要偏好给定，经济发展的长期路径就会呈现出制度有效性的特征，然而对于理性和信息不完全的市场，如何对低效率的"锁定"状态进行修正替代，决定于形成自我强化机制的因素的性质。如果已有路径的自我强化机制来源于制度的初始设置成本，且放弃此低效率均衡状态的沉没成本非常高昂，那么在没有外部压力和内部危机时，制度变革是难以进行的。如果自我强化机制来源于其他效应，那么能否实现路径替代的关键，在于制度主体内部的行动能否达成一致。

2.3.3 农村金融市场效率与农村金融评价体系

农村金融开放政策的效果，往往需要通过评判农村金融市场来体现，那么就需要一个评判农村金融市场优劣的准则。因此，亚伦（Yaron 1992）在研究了发展中国家的农村金融市场后，提出了从农村金融市场对经济的贡献性，以及农村金融机构的独立性与可持续性等方面评价农村金融市场的体系。

农村金融对经济的贡献度中，促进经济增长是指能否提高农村经济效益，尤其是能否增加农业产出、提升农民收入；促进经济公平则主要体现在农村金融覆盖范围，也就是服务边界与业务多样性，比如服务边界能否下延到生产率低下的贫困农户，能否向缺乏财务报表的农村个体工商户提供服务，能否向生产效率较低的涉农中小企业提供服务等。对于农村金融机构的独立性和可持续性，由于农村金融机构往往享受着财政补贴、税收减免、利率优惠等各种优惠政策，因而政策依赖度与其独立性、持续性成反比。

关于农村金融机构的评价，虽然我国目前并没有专门的体系，但是多以现行的商业银行和农村信用社的评价体系为指导，评价指标考虑到了金融机构的资本充足状况、资产质量状况、管理状况、盈利状况、流动性状况、市场风险状况等方面。事实上，由于农村金融机构的普遍低效率性和农村金融市场服务目标的特殊性，若某一农村金融机构能够实现投入产出效率，则该机构就被认为是能够自我维持的。

此外，岳意定等（2006）认为评价农村金融市场效率要从宏观和微观两个层次进行，宏观包括农村金融市场对农村经济增长的贡献、与资本市场连通性及反应敏感性、与经济发展同步的稳定性、市场竞争程度等，微观则包括市场自身效率与机构运营效率。梁邦海和黄顺绪（2008）也指出对农村金融市场效率的评价应包括其外部对农村经济促进作用与其内部金融资源均衡状况两个方面。周立（2010）则指出农村金融市场应具备满足来自农业生产、农民消费和农村发展的金融需求的功能。因此，本书在农村金融市场效率的分析上，也将兼顾其对农村经济的贡献程度和农村金融机构的可持续性。

2.3.4 农村金融市场效率与金融抑制及金融深化

麦金农和肖（McKinnon，1988；Shaw，1988）通过对不发达经济体的金融发展问题进行研究发现，在许多发展中国家经济呈现一种"被分割的状态"：政府优先发展城市工业，农村地区金融资本外流，城乡经济水平差距显著，金融市场货币化程度低；金融机构呈现"二元性"，官方的、有组织的金融机构与非正式、无组织的金融机构并存，在经济发达的城市现代金融机构占据主导地位，但其对经济欠发达的农村地区金融支持严重不足；政府对金融市场管制严格，利率水平无法作为价格信号反映金融资本供求状况，高度国有化的金融机构在政府控制下实行选择性的货币政策。总之，国有金融垄断经营、利率价格扭曲、资金总量矛盾突出等问题所凸显的金融抑制性是不发达经济体金融体制的共同特征。作为落后的地区和部门，农村地区和农业部门的市场化和现代化程度较低，是不发达经济体中金融抑制最为严重的地方。金融抑制带来的金融市场低效率运行，拖累了这些地区经济的发展，反过来又加剧了其贫困程度。

为解决农村地区金融抑制所造成的贫困问题，发展中国家可以充分利用市场机制的作用，减少政府对金融体系的管制，让利率反映金融资产供求，沟通储蓄和投资，通过扩大金融活动的广度和深度来减少市场分割，改善不完全市场竞争环境，提高金融市场效率，从而促进农村经济发展（Shaw，1988）。这就是金融深化论所提出的能够提升农村金融市场效率的金融改革方案，但事实上，这些国家农村金融市场存在弱质性，金融自由化导向的改革并不适用，改革并未能有效地缓解金融抑制的局面，也无法达到金融与经济相互促进的良性循环关系。

2.3.5 农村金融政策与传统农村金融理论中的政府干预

任何一项金融政策的背后，必定存在着某一种起主导作用的金融理论，而农村金融理论大多数来自对实践经验的总结（谢琼，2009）。如何看待发展中国家农村金融市场中的政府作用，是围绕政府与市场关系所产生的农村金融发展的核心问题。农业信贷补贴论（Subsidized Credit Paradigm）主张政府建立专门性的、不以盈利为目的的政策性金融机构，从外部向农村注入扶持性质的低息资金，以便达到缓解农村贫困的目的。然而事实上，许多亚洲国家的经验表明，大多数贫困阶层居民会在储蓄激励机制存在时进行储蓄（Adams，2002）。根据资本会向利润率高的生产单元流动的特性，贷款会向生产能力较强的富裕农户集中，政策性低息贷款难以实现补贴穷人和促进农业生产的目标（沃格尔，2000）。因而，补贴性贷款用途的可替代性造成了诸如此类的逆向选择问题，产生的道德风险会进一步扭曲农村金融市场。因此，农业信贷补贴论更适用于农村金融市场中市场机制失灵的地方，政府的补贴政策能够起到弥补市场失灵的作用。农村金融市场论（Rural Financial Systems Paradigm）的前提正好与农业信贷补贴论相反（张晓山和何安耐，2007），逐渐取代了农业信贷补贴论。其认为在农村金融改革中，农村金融机构从农村内部筹集资金的能力和自身的可持续发展性是衡量农村金融成功与否的标准，利率应该完全由市场决定，农户的借贷行为应该完全体现市场意图，反对政策性金融过度地对市场干预。该理论适用于有效竞争的金融市场，但是忽略了发展中国家金融发展水平低，存在竞争性市场机制无法发挥作用的领域，这种特殊性需要政府一定程度地干预作为补充和辅助。

到了20世纪90年代，东南亚金融危机揭示出市场机制不是万能的，使人们认识到在金融市场的发展中，非市场机制的作用不可或缺，斯蒂格利茨的不完全竞争市场论发展于此。认为发展中国家的农村金融市场是一个不完全竞争市场，不完全信息的存在导致作为资金供给方的金融机构缺乏借款人相关资料，那么由信息不对称所带来的道德风险等问题是无法仅仅由市场机制来解决的，也就无法建成社会所需要的农村金融市场。因此，由不完全信息所造成的"市场缺陷"可以通过国家干预来进行补充（Stiglitz，1989；Stiglitz 和 Weiss，1981）。政府对金融体系选择性地干预有助于金融深化，主张政府应该通过金融政策为民间部门创造租金机会，既不能通过政策手段压低名义利率使其远低于通货膨胀率从而攫取租金，也不能完全放弃对金融领域的选择性干预。政府可以在竞争性金融边界之外的领域，通过辅助性、促进性手段来建立与维持市场秩序，但是政府干预的广度和深度应该随着金融深化程度的加深而下降。

2.4 本章小结

本章在对农村金融市场开放和农村金融市场效率概念界定的基础上，

初步构建了理论分析框架，阐述了农村金融市场开放、效率以及开放对效率影响机制的理论依据。其中，农村金融市场开放依据的是哈耶克（Hayek F. A）的局部知识理论与制度变迁理论；农村金融市场效率评价，参考了亚伦（Yaron. J）的农村金融评价体系，以及麦金农（McKinnon. R. I）与肖（Shaw. E. S）的金融抑制论、金融深化论；20世纪的传统农村金融理论，则是发展中国家政府通过农村金融政策干预市场的理论依据。本章的理论综述为后文的研究提供了理论基础。

第三章　陕西农村金融市场开放进程、特征及演进趋势

基于前文分析框架，本章将在我国农村金融制度改革的背景下，从涉农金融机构（农业银行、农村信用社、邮政储蓄银行、新型农村金融机构、小额贷款公司）的发展状况、"三农"业务的拓展及向农村延伸状况对陕西农村金融市场的开放进程进行梳理，基于制度变迁理论对陕西农村金融市场开放的特征及演进趋势进行归纳分析。

3.1　陕西农村金融市场的开放进程

3.1.1　陕西农村金融市场开放的历史背景

陕西农村金融市场的开放进程，与农村金融的改革和发展密不可分，迄今为止，我国农村金融市场大致经历了试验探索（1979年之前）、初步形成（1979—1993年）、发展定位（1994—1996年）、重新定位（1997—2005年）和逐步开放（2006年至今）五个阶段。

1979年之前的阶段实际上并不能称为改革，只是对我国农村金融制度安排的试验和探索，反复纠结于中国农业银行和中国人民银行的从属关系，由于计划经济体制的局限性难以解决"代理"和"双轨"问题，最终将中国农业银行并入中国人民银行，已有金融制度实质上成为了国家控制农村资源的制度安排。1979年党的十一届三中全会以后，中国农业银行从中国人民银行分离恢复，成为从事农村金融业务的国家专业银行，农村信用合作社也重新恢复了名义上的合作金融组织地位，中央银行允许各专业银行打破分工、业务交叉，也放开了对民间信用的管制，本阶段通过恢复原有的、成立新的金融机构，农村金融市场体系初步形成，具有政府主导、国家控制的特点。随后的发展定位阶段，以1994年组建政策性金融机构——中国农业发展银行作为开端，加快了中国农业银行商业化的步伐，使其逐步以工商企业为主要服务对象，明确了农村信用社合作金融组织的

性质，开展了以恢复"三性"为主要内容的改革，人民银行对其直接监管。至此，农村金融市场基本形成了保证国家政策实施的政策性金融、服务于工商企业的商业金融和服务于农户的合作金融并存且业务互不交叉的局面。1997年之后，受亚洲金融危机的影响，农村金融市场的改革进行了重新定位，但是造成了对农村信用社垄断地位的强化，农村金融市场供给和需求不匹配的局面并未根本改变，农村金融体系亟待重新构建。2006年至今的农村金融市场逐步开放，是在体制内的"存量"机构（商业银行、农村信用社等）改革几乎陷入困境的情况下，转变思路，在体制外部寻找改革的着力点与突破口的结果，通过"增量"机构（新型农村金融机构、小额贷款公司等）改革，弥补体系缺失，以期形成银行业金融机构、非银行业金融机构和其他组织共同组成的多层次、广覆盖、功能互补、相互协作、适度竞争的农村金融市场（中国人民银行农村金融服务研究小组，2013）。

3.1.2 逐步开放阶段陕西农村金融市场的改革与发展

这一阶段陕西省农村金融市场的开放与各类金融机构的改革密不可分。2007年，由于筹备上市并进行股份制改造，部分大型商业银行的金融服务水平得到有效的提高；由于农村信用社改革继续深化，全省农村信用社资本充足率截至当年末达到12.80%，实现账面利润12亿元；已有的两家试点小额贷款公司发展势头良好，累计发放贷款4 504万元，贷款回收率与利息回收率均实现了100%。2008年，省内地方金融机构改革步伐加快，农村信用社资本充足率、资产质量、内控机制明显改善；城市商业银行、农村信用社发起设立了两家村镇银行，在《陕西省小额贷款公司试点管理办法（试行）》的指导下，本年度新增加了四家小额贷款公司。2009年，农村新型金融组织创新试点加快，全年成立小额贷款公司56家，村镇银行两家；地方法人金融机构改革重组步伐加快，三家农村信用联社改制成为了农村合作银行，一家农村合作银行升级成为了农村商业银行，截至当年末，全省共有98家二级法人农村信用社完成统一法人改制。2010年，省内大型商业银行分支机构以深化内部改革为核心，通过健全风险管理和内控机制，进一步提升核心竞争力；农村信用社改革取得阶段性成果，全省107家农村信用社全面完成统一法人社改制工作，其中组建农村商业银行一家，农村合作银行八家。2011年，省内大型商业银行内控合规体系逐步完善，精细化管理水平不断提升；农村信用社产权改革积极推进，分别有两家和一家农村信用社升级为农村合作银行和农村商业银行；小额贷款公司试点工作在省内全面铺开，全年新增小额贷款公司103家。2012年，农村金融改革继续深化，年内新增农村商业银行两家，村镇银行两家，小额贷款公司32家，并组建了全国最大涉农担保公司之一的杨凌现代农业担保公司。由此可见，陕西农村金融市场的开放进程，与农业银行、农村信用社、邮政储蓄银行、新型农村金融机构、小额贷款公司等涉农金融机构的改革发展相互交织。

3.1.3 陕西农村金融市场"存量"机构改革

3.1.3.1 中国农业银行陕西省分行的改革与发展

中国农业银行（以下简称农业银行）陕西省分行作为涉农的大型商业银行，对外营业网点约占全省五家大型商业银行营业网点总数的40%，是全省唯一一家网点遍及城乡的大型商业银行。陕西省分行围绕促进县域经济发展、农民增收致富，农业银行积极探索服务"三农"新途径，建立起"以惠农金融服务站为基础，以物理网点为阵地，以自助设备为补充，以流动服务为纽带"的"四位一体"新型农村基础金融服务渠道体系（田小明和孟祥虎，2013）。截至2014年6月末，电子机具乡镇覆盖率实现100.00%，行政村覆盖率达到90.30%，将金融服务网络延伸到广大偏远乡村。在为农户提供生产生活资金支持方面，以广覆盖、普惠制为目标，以惠农卡产品体系为依托，对符合条件的农户"一次授信，循环使用，随借随还"，切实增强农户贷款精细化、专业化、规范化操作和管理，截至2014年6月末，累计发放惠农卡393万张，存款余额21亿元，农户小额贷款余额13亿元。在为县域企业发展提供资金支持方面，针对信贷业务"短、频、急"的特点，在严控风险的前提下，按照"一次调查、一次审查、一次审批"的原则，简化操作流程，提高信贷业务审批效率；同时加大对农业产业化龙头企业的支持力度，目前得到信贷支持的产业化龙头企业118户，A+级以上龙头企业达到38户，授信总额逾27亿元。在农村地区支付结算服务方面，为农户提供了支付结算、财政补贴资金代理、社保资金发放、理财等个性化金融服务，截至 2014 年 6 月末，新农保与新农合的代理分别占全省试点县的 69.23% 和 57.28%，代理的惠民补贴"一卡通"业务涉及农户 40 万户，累计发放资金金额为 2 亿元。

近年来农业银行在服务"三农"上进行了两个方面的创新：一是成立"三农金融事业部"展开试点改革，二是出资设立村镇银行。农业银行"三农金融事业部"改革试点于 2008 年启动，2010 年确定首批八省（自治区、直辖市）分行下辖的 561 个县域支行为试点行，深化改革试点；2011 年人民银行印发通知，明确将第二批四个省的 370 个县域支行纳入"三农金融事业部"的改革试点范围。在试点省（自治区、直辖市）实行总行、省级分行、地市分行管理部门"三级督导"，县域支行"一级经营"的事业部管理构架，对纳入改革试点的县域支行实行单独的资本管理、信贷管理、会计管理、风险拨备和核销、资金平衡、绩效考核运行机制，并给予相关政策扶持，初步探索出了符合"三农"需要的可持续新模式（见表 3-1）。农业银行陕西省分行在 2009 年成立了"三农"金融分部管理委员会统筹、指导全行"三农"和县域业务，在 2014 年建立了"三农金融事业部"管理架构和制度体系，在省、市两级设立"三农"金融分部，省级分部下设"三农"信用管理、"三农"信用审批、"三农"资本与资金管理、"三农"核算与考评、"三农"风险管理、"三农"人力资源管理"六大中心"，在省内 84 个县域支行分别成立"三农"事业部，对"三农"业务采取实行差异化信贷管理。此外，农业银行牵头组建了湖北汉川、内蒙古克什克腾、陕西安塞、安徽绩溪、浙江永康、福建同安六家村镇银行（见表 3-2），把大银行的系统架构优势与村镇银行的灵活机制优势有机结合起来，形成金融支农合力，以便充分发挥贴近农户、决策高效、经营灵活的优势，提供优质高效的农村金融服务。

表 3-1　　　　　　中国农业银行传统信贷管理制度与
"三农金融事业部"信贷管理制度比较

项目	改革前	改革后
政策制度	全行统一信贷政策	考虑到地区和业务的发展，因地制宜地对部分分行实行差异化的区域信贷政策，建立了一套更符合"三农"和县域业务发展的信贷政策制度体系

续表

项目	改革前	改革后
授权管理	在全行统一授权管理基础上，集中县支行信贷审批权限	依据区别对待、分类指导的原则，对县支行实行差异化授权，适度下沉审批权限，增加转授权依据的维度，建立对县支行的信贷经营综合管理评价制度；同时，对业务量大、管理水平高的县域支行派驻独立审批人，适当扩大授权范围
专业审批	无专门的"三农"信贷审批团队	在省级、地市级审批中心内成立专门的"三农"和县域业务审批团队，根据业务规模占比配置专职"三农"与县域信贷业务审查、审议和审批人员
评审通道	无专门的"三农"信贷评审通道	厘清"三农"信贷业务审查流程，初步搭建"专业独立审查、共享审批平台"的"三农"信贷评审通道
担保方式	县域支行的担保管理不规范，缺乏担保创新	降低"三农"专业担保公司的资本金要求，严格规范农户和小企业多户联保的准入条件和管理要求；创新大中型农机具、农副产品、林权抵押、应收账款质押、集体建设用地使用权抵押、商铺经营权抵押等担保方式

资料来源：根据《中国农业银行年报（2008—2014年）》数据整理。

表3-2　　中国农业银行设立村镇银行概况

村镇银行	汉川农银村镇银行	克什克腾农银村镇银行	安塞农银村镇银行	绩溪农银村镇银行	永康农银村镇银行	同安农银村镇银行
成立时间	2008年8月	2008年8月	2010年3月	2010年5月	2012年6月	2012年6月
设立地点	湖北省汉川市	内蒙古赤峰市克什克腾旗	陕西省延安市安塞县	安徽省宣城市绩溪县	浙江省永康市	福建省厦门市
注册资本（万元）	2 000	1 960	2 000	2 940	21 000	10 000
农行出资（万元）	1 000	1 000	1 020	1 500	10 710	5 100
农行持股（%）	50.00	51.02	51.00	51.02	51.00	51.00

资料来源：根据《中国农业银行年报（2008—2014年）》数据整理。

3.1.3.2　陕西农村信用社的改革与发展

2004年8月，陕西省农村信用社联合社（省联社）正式挂牌开业；2005年，首批在神木（陕北）和西乡（陕南）改制成立了农村合作银行；2006年，对以县为单位的统一法人社的经营管理作出了制度规范。经过多

年发展，陕西农村信用社资产规模不断扩大，财务状况得到改善，产权制度改革取得阶段性成果。作为地方性银行类金融机构，陕西农村信用社包括省联社、农村合作银行、农村商业银行三种模式。截至2014年，陕西省农村信用社机构体系中共有县级法人机构107家，除89家联社机构外，改制了延安、宝鸡、汉中地区的6家法人机构为农村合作银行，榆林、咸阳、安康、商洛地区的12家法人机构为农村商业银行。

农村信用社基于网点资源和员工地缘优势，将市场定位于服务"三农"、城市社区、中小企业、地方经济与社会事业（周励，2013）。一是开发新型信贷产品，增加信贷投放规模。自2006年发行"富秦卡"实现了银行卡业务的零突破以来，不断开发银行卡业务功能，在农户小额信用贷款的基础品种上，针对农户购房、购车、创业、技能培训、劳务输出等需求开发出新型产品。二是以服务中小企业作为发展重点。针对县域中小企业的贷款需求，设立服务中心，实现了贷款申请、贷款调查、贷款审批、贷款办理的快捷化；对于农业龙头企业等资金需求量大的客户，积极协调区域内其他金融机构，通过银团贷款等方式满足其资金需求。

在此基础上，全省农村信用社系统的存款余额和贷款余额得到了稳步增长，截至2014年末，存款余额为4 539亿元，贷款余额为2 777亿元，涉农贷款余额为2 002亿元，涉农贷款总量和增量稳居全省同行业的首位。此外，中小企业的年末贷款余额达到了625亿元，比年初增加了128亿元，增幅为25.75%（见表3-3）。

表3-3　　　　　　　　　陕西省农村信用社概况

	2008年	2009年	2010年	2011年	2012年	2013年
机构个数（个）	2 885	2 751	2 918	2 937	2 934	—
从业人数（人）	19 598	20 062	20 056	23 984	23 687	—
资产总额（亿元）	2 015	2 036	2 509	3 053	3 821	4 478
年末存款余额（亿元）	1 484	1 891	2 317	2 800	3 385	4 029
年末贷款余额（亿元）	925	1 205	1 421	1 676	1 994	2 373
涉农贷款余额（亿元）	573	810	1 044	1 507	1 545	1 842
中小企业贷款余额（亿元）	143	247	233	257	322	497

资料来源：根据陕西信合内部统计报表计算整理，"—"表示数据未能获得。

3.1.3.3　中国邮政储蓄银行陕西分行的成立与发展

中国邮政储蓄银行（以下简称邮储银行）成立于2007年，于2012年依法整体由有限责任公司变更为股份有限公司。截至2013年末，全行累计发放小额贷款1 414万笔，金额合计8 117亿元；涉农贷款余额3 882亿元，同比增长106.71%；小微企业贷款余额5 375亿元，较上年增幅为25.63%，目前已成为全国唯一完整覆盖城乡市场的金融服务机构。

邮储银行陕西分行，作为省内机构网络覆盖最广泛的金融机构，服务"三农"、城乡居民、中小企业是其经营理念。一是向农村居民提供存、贷、汇，以及代收多种费用、代发各类补贴以及最低保障金和计划生育奖励金等基本金融服务。二是通过资金市场向农村地区金融机构提供批发性资金，优先与农村金融机构开展资金交易，通过农村金融机构的资金运用渠道间接实现资金返还农村。三是发展小额贷款和县域小微企业贷款，在农户小额贷款、农户联保贷款、商户小额贷款、商户联保贷款的基本贷款品种上根据地方特色开发了设施农业贷款、果品仓储户贷款、农机购置补贴贷款、烟农小额贷款等创新品种，并对小额贷款客户采取无手续费提前还款和老客户利率优惠等措施；在小微企业贷款方面，陆续推出了房产抵押、土地抵押、商铺使用权抵押、产权商铺抵押、林权抵押、集体土地性质房产抵押等多种贷款品种。截至2014年末，已在全省建立邮储银行对口专业村1 633个，惠及农户12.17万户，开发专业市场564个，惠及小微企业6.94万家。

表3-4　　　　　　　　邮政储蓄银行陕西分行概况

	2008年	2009年	2010年	2011年	2012年	2013年
机构个数（个）	1 203	1 205	1 204	1 230	1 259	1 271
从业人数（人）	6 910	7 025	7 279	7 396	7 624	9 444
资产总额（亿元）	700	863	1 073	1 335	1 641	1 894

资料来源：根据中国银监会《陕西省金融运行报告（2008—2013年）》数据整理。

3.1.4　陕西农村金融市场"增量"机构改革

3.1.4.1　陕西新型农村金融机构的设立

2006年，中国银监会发布了《关于调整放宽农村地区银行业金融机构准入政策，更好地支持社会主义新农村建设的若干意见》等文件，农村金融市场准入政策开始放宽，允许民间资本到农村地区设立新型农村金融机构。2007年，银监会《村镇银行管理暂行规定》、《贷款公司管理暂行规

定》《农村资金互助社示范章程管理暂行规定》等政策出台,秉持"低门槛、严监管、增机构、扩服务、先试点、后推广"的基本原则(王曙光,2008),对新型农村金融机构的设立和运行进行了详细的安排。试点于2007年初从四川、青海、甘肃、内蒙古、吉林、湖北六省(自治区)开始,并于2007年10月扩大到全国31个省(自治区、直辖市)。2008年,为了促进机构规范运行、持续发展,人民银行、银监会发布了《关于村镇银行、贷款公司、农村资金互助社、小额贷款公司有关政策的通知》,明确了四类机构在设立监管与经营管理等方面的具体实施政策。2009年,银监会编制《新型农村金融机构2009—2011年总体工作安排》,制订了新型农村金融机构发展的"三年规划",并提出首先考虑在国家扶贫开发重点县和中西部地区发起设立三类新型农村金融机构。三类新型机构在出资主体、资金性质、法律地位和首要目标上具有差异(见表3-5)。截至2014年末,全国已组建村镇银行1 233家(已开业1 152家、筹建81家)、贷款公司14家(已开业14家)、农村资金互助社49家(已开业49家)。

表3-5　　　　　三类新型农村金融机构的比较

机构	出资主体	资金性质	法律地位	首要目标	所有者地位	监管类型
村镇银行	境外金融机构、境内非金融机构企业法人、境内自然人	商业性投资	商业银行、企业法人	盈利	所有者清晰	审慎监管
贷款公司	境内商业银行、境内农村合作银行、外资金融机构	商业性投资	非银行金融机构、企业法人	盈利	所有者清晰	审慎监管
农村资金互助社	乡(镇)、行政村村民、农村小企业	互助互益	社区互助性银行业金融机构、企业法人	互助解决资金困难	所有者清晰	审慎监管

资料来源:孙同全. 农村金融新政中非政府小额信贷的发展方向探析[J]. 农业经济问题,2007(5):52-55.

陕西省新型农村金融机构的发展始于2008年11月,陕西省第一家村镇银行——宝鸡岐山硕丰村镇银行正式挂牌营业。该村镇银行由宝鸡市商业银行、陇县农村信用社与4家企业法人股东和4名自然人股东共同发起设立,注册资金为500万元。随后,陕西省村镇银行的发展进入上升期,商洛、西安、渭南、延安、榆林相继设立村镇银行，截至2014年末，全省共有村镇银行法人机构13家，营业网点22个，其中陕北地区4家，关中地区8家，陕南地区1家（见表3-6）。

表3-6　　陕西省村镇银行设立情况（2008—2014年）

村镇银行	成立时间	设立地点	注册资本（万元）	发起机构	机构网点
岐山硕丰村镇银行	2008.09	宝鸡市岐山县	500	长安银行	4
洛南阳光村镇银行	2008.11	商洛市洛南县	1 000	西安银行	6
安塞农银村镇银行	2010.03	延安市安塞县	2 000	中国农业银行	1
高陵阳光村镇银行	2010.05	西安市高陵县	1 000	西安银行	2
安塞建信村镇银行	2010.06	延安市安塞县	3 000	中国建设银行	1
富平东亚村镇银行	2010.07	渭南市富平县	2 000	东亚银行	1
韩城浦发村镇银行	2010.11	韩城市	5 000	浦发银行	1
榆阳民生村镇银行	2012.03	榆林市	5 000	民生银行	1
志丹民生村镇银行	2012.03	延安市志丹县	1 500	民生银行	1
乾县中银富登村镇银行	2013.02	咸阳市乾县	—	中国银行	1
蒲城中银富登村镇银行	2013.08	渭南市蒲城县	—	中国银行	1
合阳惠民村镇银行	2013.12	渭南市合阳县	3 000	吉林九台农商行	1
凤翔中银富登村镇银行	2014.11	宝鸡市凤翔县	—	中国银行	1

资料来源：根据银监会发布的《金融许可证信息》与各发起机构年报整理，"—"表示数据未能获得。

陕西省农村资金互助社的发展从2006年正式开始，截至2010年互助资金试点合计共1 160个，与2006年相比，增加了1 148个互助资金组织（见表3-7）。农村资金互助社的资金主要来自财政扶贫投入资金和农户入股资金，其中财政扶贫类资金占到了资金总额的2/3以上。2006年互助资金总额为216万元，其中，中央财政扶贫资金占到总额的69.54%，农户入股互助金占总额的30.46%；2009年互助资金总额20 483万元，其中，各级财政的扶贫资金占到了互助资金总额的79.92%，农户入股资金部分占总额的19.76%（李明珠，2011）。

表 3-7　陕西省农村资金互助社试点情况（2006—2009 年）

年份	中央试点县	中央试点村	省级试点县	省级试点村	合计
2006	2	10	0	0	12
2007	4	10	0	0	14
2008	6	20	11	120	157
2009	12	60	95	940	1 107

资料来源：李明珠. 陕西农村资金互助社发展研究 [D]. 杨凌：西北农林科技大学，2011.

3.1.4.2　陕西小额贷款公司的商业化试点

同样作为主要向农户、个体经营者和微小企业提供小额信贷的机构，小额贷款公司与新型农村金融机构最大的不同在于不能吸收存款，其资金来源为自有资金、捐赠资金或单一来源的批发资金。2005 年，人民银行在四川、陕西、贵州和内蒙古五个省（区）开始了商业性小额贷款公司试点。2008 年，人民银行和银监会发布指导意见，对小额贷款公司监管机构主体、市场准入标准、业务发展规则等进行了指导，引导其规范发展。小额贷款公司的合法化成为我国农村金融市场开放的重要环节，截至 2012 年末，全国共有小额贷款公司 8 791 家，从业人员 11 万余人，贷款余额为 9 420 亿元。

作为全国商业性小额信贷组织试点的首批五个省区，小额贷款公司在陕西起步较早。2006 年 9 月，两家小额贷款公司在陕西户县成立，注册资本金分别为 2 200 万元与 2 100 万元，运行状况良好。2008 年 10 月，按照银监会与人民银行的要求并结合自身情况，陕西省发布了扩大小额贷款公司在陕西省试点的指导意见和《陕西省小额贷款公司试点管理办法》，明确了陕西省金融工作办公室（以下简称金融办）为陕西省主管小额贷款公司的部门，并对其试点范围、申报程序、准入标准、合规经营、风险防范等内容作出了指导。截至 2014 年末，全省小额贷款公司机构数量达到 253 家，从业人员 2 660 人，实收资本 217 亿元，贷款余额为 217 亿元，与 2010 年相比，小额贷款公司发展迅速（见表 3-8），在引导资金回流农村、扩大农村信贷服务范围、促进陕西农村经济发展上发挥了积极作用。

表3-8　　　陕西省小额贷款公司试点情况（2010—2014年）

	2010年	2011年	2012年	2013年	2014年
机构数量（个）	60	155	187	208	253
从业人数（人）	498	1 244	1 555	2 140	2 660
实收资本（亿元）	41	105	132	160	217
贷款余额（亿元）	33	93	129	162	217

资料来源：根据人民银行发布的《小额贷款公司分地区情况统计表（2010—2014年)》整理。

3.2 陕西农村金融市场开放的特征

3.2.1 政府主导的强制性变迁

政府是农村金融制度的单一供给者，中央政府的政策措施对农村金融制度安排具有决定性作用，地方政府则通过对国有农村金融机构和地方性金融机构的干预来影响金融制度安排的效果。陕西农村金融市场开放是从中央政府到地方政府自上而下的强制性变迁，微观经济主体在制度变迁中处于被动接受地位，改革也以正规金融机构中的农村信用社为重点，鲜少为非正规金融机构出台相应政策。每次变迁几乎都是从作为制度供给者的政府的效用出发，然而政府作为一个利益均衡者，需要平衡制度内各利益集团的关系，对制度安排的选择往往难以从效率最大化的经济理性角度出发，导致农村金融制度运行效率低下，不能适应制度需求者的制度要求，从而使农村金融服务供给滞后于农村金融服务需求。

3.2.2 试点推进的渐进式变迁

出于实现帕累托改进的目的，渐进式变迁是在不损害原有制度中各集团既得利益的前提下，逐步引入制度增量，待新制度逐渐成长并为旧制度改革创造适当条件后，再推动旧制度的改革。在陕西农村金融市场开放中，基本上是在没有触动农村信用社在农村金融市场主导地位的前提下，允许其他金融机构进入以便逐渐扩大农村金融市场的金融机构数量和规模，从而培育竞争性的农村金融供给主体的。因此，农村信用社的体制改革以及小额贷款公司、新型农村金融机构的设立均采用了先局部试点，后全面铺开的方式。渐进式变迁方式比较温和，能够减少制度安排执行时来自各方的阻力，制度安排具有调整的空间；也给予了制度内部各个主体一定时间，使其能够逐渐适应制度安排带来的变化，有利于维护制度变迁中的稳定。然而，这种分步推进的渐进式变迁方式，虽然具有一定的稳定性和连续性，但是却并未触及农村金融市场面临的深层次制度问题，拖延回避的态度加大了改革的时间成本，也在一定程度上累积了农村金融风险。

3.2.3　滞后于农村经济制度的变迁

农村金融制度变迁是在农村经济制度变迁达到一定程度之后才由政府推动的，陕西农村金融市场的开放呈现出滞后于陕西农村经济制度变迁的特点。究其原因，一是金融产业涉及经济安全，超前于实体经济的金融制度变革会产生风险，在变迁过程中需要考虑陕西实际的经济发展状况并根据经济制度的变化调整陕西金融制度变迁的步调。二是在陕西农村经济改革的初期，农村金融市场准入由政府严格控制，基本上被实力强劲的国有金融机构所垄断，这些已有利益集团习惯于政府主导的制度安排从而产生了"惰性"，诱致性变迁的利益团体难以产生。三是陕西农村经济主体关于农村金融制度向市场金融转变的知识存量有限，难以迅速提出行之有效的制度安排，需要在农村经济制度变迁中逐渐摸索农村金融制度变迁的路径。此外，从中央政府意识到制度变迁需求到颁布政策法规，再到陕西省地方政府对政策法规的具体安排，直到相关政策法规对农村金融制度变迁产生实质的作用，整个过程的每一个阶段都存在不同程度的时滞，这也是陕西农村金融制度变迁滞后于农村经济制度变迁的另一个原因。

3.3　陕西农村金融市场开放的演进趋势

3.3.1　陕西农村金融市场开放存在路径依赖

政府主导的供给型制度变迁方式，已经使得陕西农村金融市场开放存在严重的路径依赖。一是从初始禀赋条件来看，陕西农村金融市场是在以小农经济为基础并呈现城乡二元结构特点的农村市场上发展起来的，经济发展战略的不均衡造成了金融市场发展的异化，农村正规金融供给严重不足，从而使农村金融活动长期处于"抑制"状态，因此在农村金融市场开放上对政府安排的金融制度供给存在依赖性。二是农村金融改革政策措施的出台，均是在相关农村经济改革政策措施颁布之后，农村金融改革的主要作用在于支持农村经济改革目标的实现，经济体制改革的方向与进程决定了金融体制的改革，意识形态上的跟随性对农村金融市场开放的路径具有强约束性。三是制度变迁中的适应性预期和学习效应强化了农村金融市场上的利益机制，使制度供给方的中央政府、地方政府以及农村金融机构达到了博弈均衡状态，作为供给主导方的既得利益集团乐于维持目前低效率的制度安排，作为需求主导的制度变迁利益集团（农户及农村中小企业）处于弱势，只能在现有农村金融制度安排中徘徊，难以推动诱致性变迁。因此，在现有的路径依赖约束下，陕西农村金融市场想要退出低效率的制度锁定状态，实现农村金融市场开放在制度上的路径替代，面临着极大的挑战。

3.3.2 陕西农村金融市场开放"双结合"的路径替代趋势

由于陕西农村金融市场开放存在着强烈的路径依赖，想要改变次优路径依赖、实施路径替代，就需要来自制度内部的危机与来自制度外部的压力共同推动。

现阶段的陕西农村金融市场，一方面，随着农村经济发展和农村金融市场开放的深入，政府主导的农村金融制度安排帕累托改进的空间越来越有限，一直以来政府效用函数中租金最大化导向下的农村金融制度安排产生的不均衡将农村金融市场锁定在低效率运行状态，已经对其发展产生了束缚。另一方面，在农村金融体制改革的初始阶段，采用的是渐进式的、由次级制度向核心制度逼近的开放方式，这种从制度外围的增量改革入手、带动制度内的存量改革的开放方式，已经出现了边际效用递减趋势，难以对农村金融市场低效率的锁定状态进行替代。

在政府安排的陕西农村金融制度外部，作为一种"边际"存在，非正规金融是农村金融市场对正规金融供给不均衡而产生的自发矫正，其在信息、成本和速度上的优势对正规金融安排产生了优胜劣汰的竞争压力，这种来自制度安排外部的压力，既促进了正规金融制度安排的变革，又推动了非正规金融在一定的条件下向正规金融的演变。此外，农村金融改革已经积累了一定历史经验，取得了一定成效，多个中央"一号文件"所体现的政府在"三农"问题上意识形态的变化，意味着政府效用函数的结构正在从租金最大化向效率最大化变迁。

因此，对于现阶段的陕西农村金融市场，面对农村经济货币化程度的日益提高与金融制度安排二元结构的矛盾，银监会在 2012 年出台专门措施，鼓励各类符合条件的银行业金融机构在革命老区、民族地区、边疆地区、贫困地区发起设立村镇银行，以便有效提升这些地区的农村金融服务水平。这一自上而下的开放政策促进了落后地区与发达地区金融服务的均等化，能够更好地改善农村金融市场由于制度安排的二元性而导致的低效率锁定状态。此外，村镇银行、贷款公司以及农村资金互助社三类新型农村金融机构的制度设计，允许市场主体根据市场导向在试点的时间、方式、深度等方面自选推进，小额贷款公司的商业化改革也为非正规金融的正规化变迁提供了新方式，这一农村金融市场开放的制度安排从市场需求出发，具有自下而上的变迁特征。因此，要改善农村金融市场低效率的"锁定"状态，"自下而上"的诱致性变迁与"自上而下"的强制性变迁"双结合"的农村金融市场开放是有效的路径替代方式。

3.4 本章小结

本章在我国农村金融制度改革的时代背景下，从农村金融市场"存量"机构改革和"增量"机构改革角度对陕西农村金融市场的开放进程进行梳理，基于制度变迁理论对陕西农村金融市场开放的特征及演进趋势进行了分析。陕西农村金融市场的开放进程与各类金融机构的改革进程密不可分，具有政府主导的强制性、试点推进的渐进性以及滞后于农村经济制度变迁的特征；由于存在路径依赖，未来陕西农村金融市场应选择诱致性变迁与强制性变迁"双结合"的开放方式。

第四章 陕西农村金融市场开放度评价

自 2005 年底人民银行推出面向"三农"的商业化小额贷款公司试点项目,以及 2006 年底银监会调整放宽农村地区银行业金融机构准入政策试点开放农村金融市场以来,我国农村金融市场的开放已经进入实质性发展阶段。那么迄今为止,陕西农村金融市场的开放程度到底如何,就成为了一个关系农村金融政策效果的重要问题。因此,本章将在县域样本数据的基础上对农村金融市场开放度进行量化分析,以期能对陕西农村金融市场的开放状况作出进一步评价。

4.1 开放度评价指标选取及样本选择

4.1.1 评价指标选取

本章对于农村金融市场开放的评价将从市场结构、市场规模和市场深度三个方面建立评价指标体系。评价指标的选择,既要考虑到该指标需充分反映评价主体,又要注重指标的全面性和可得性。故而参考金融市场准入和农村金融市场改革的相关研究,基于经验分析及考虑到数据可得性,选取了农村金融机构覆盖率、小微农村金融机构比例、涉农贷款规模、农村贷款规模、金融相关比、储蓄转化率作为一级指标建立农村金融市场开放度评价指标体系(见表 4-1)。

表 4-1 陕西农村金融市场开放度评价指标

指标类别	指标	指标说明	预计影响
结构指标	农村金融机构覆盖率(J_1)	营业网点数/农村常住人口数×10 000	+
	小微农村金融机构比例(J_2)	小微农村金融机构网点数/农村金融机构网点数	+
规模指标	涉农贷款规模(G_1)	涉农贷款余额/农村金融机构贷款余额	+
	农村贷款规模(G_2)	农村贷款余额/涉农贷款余额	+

续表

指标类别	指标	指标说明	预计影响
深度指标	金融相关比（S_1）	（农村金融机构存款余额＋农村金融机构贷款余额）/县域 GDP	＋
	储蓄转化率（S_2）	涉农贷款余额/居民储蓄存款余额	＋

注：为确保统计口径的一致性，农村金融机构包括农村信用联社、农村合作银行、农村商业银行、邮储银行、农业银行、小额贷款公司、村镇银行、贷款公司以及农村资金互助社，小微农村金融机构包括小额贷款公司、村镇银行、贷款公司以及农村资金互助社。

市场结构指标包括农村金融机构覆盖率和小微农村金融机构比例。Chaves 和 Gonzalez – Vega（1996）指出金融组织机构的设置应该考虑到那些客户需要贷款和储蓄服务的地方。农村金融机构覆盖率是指区域内农村居民人均可得到金融服务的农村金融机构网点数量，一定程度上体现了农村居民从农村金融机构获得金融服务的便利程度。农村金融机构覆盖率与开放度同方向变化，意味着金融机构覆盖率越高，农村居民越容易获得金融服务。小微农村金融机构比例是指区域内小额贷款公司、村镇银行、贷款公司、农村资金互助社的网点数量与农村金融机构网点数量的比值。作为专注于服务农户和农村经济组织的金融机构，小微农村金融机构的一个重要作用就是推进金融服务前沿，因而小微农村金融机构在整个农村金融市场机构中所占的比例一定程度上反映了农村金融市场准入的限制程度，对农村金融市场的开放程度具有正向的影响。

市场规模指标包括涉农贷款与农村贷款在农村金融市场所占的比例。涉农贷款衡量了所有涉农自然人、企业及各类组织获得金融支持的规模，农村贷款则衡量了农户与农村企业及各类组织获得金融支持的规模。对一个给定的农村金融市场，贷款规模的增长体现了金融供给的增加，从而涉农贷款规模与农村贷款规模的增加是农村金融市场开放程度正向变动的反映。根据人民银行涉农贷款专项统计口径，涉农贷款、农村贷款与农户贷款有以下关系：

农户贷款＝农户农林牧渔业贷款＋农户消费和其他生产经营贷款

农村贷款＝农户贷款＋农村企业及各类组织贷款

涉农贷款＝农村贷款＋城市企业及各类组织涉农贷款

市场深度指标包括金融相关比（FIR）和储蓄转化率。根据 Goldsmith（1996）的研究，某一地区金融资产和国民生产总值的比率（FIR）能够衡量该地区经济金融化程度，而这一程度则对建立多元、竞争、高效的农村金融市场具有正向影响。考虑到数据的可得性，本书选择区域内金融机构年末存款余额和贷款余额之和来代替金融资产，因为这两部分在农村金融资产中占极大比例；同时，选择区域内 GDP 替代 GNP，因为陕西农村地区来自国外的收入非常少可以忽略不计。储蓄转化率则指涉农贷款余额与居民储蓄余额的比率，这一指标体现了农村金融市场中居民储蓄存款向涉农贷款转化的能力。储蓄转化率越高则资金的资本转化率也越高，在一定程度上意味着更多的信贷资金可以被用于农村金融市场。

4.1.2 样本选择

为了对陕西农村金融市场的开放度进行评价，本章选取了 2008—2012 年陕西省延安市、宝鸡市、渭南市、商洛市下辖的 10 个县作为研究对象，分别是岐山县、洛南县、安塞县、富平县、蒲城县、澄城县、合阳县、华县、大荔县、潼关县。选择上述地区的理由，一是这些地区具有村镇银行、小额贷款公司两类小微农村金融机构，符合本书对开放的定义；二是这 10 个地区涵盖了陕北、关中、陕南三大差异性地理带，兼顾了不同经济发展水平，具有代表性。

本章将各个县域的农村金融机构覆盖率、小微农村金融机构比例、涉农贷款规模、农村贷款规模、金融相关比、储蓄转化率作为一级指标建立评价体系，从而对陕西农村金融市场的开放度进行了综合评价。样本数据来源有两部分，经济数据来自延安市、宝鸡市、渭南市、商洛市各年统计年鉴、各县统计局年度国民经济和社会发展统计公报；金融数据一部分来自在人民银行宝鸡中心支行、延安中心支行、渭南中心支行以及商洛中心支行的调研，另一部分整理自银监会发布的中国银行业农村金融服务分布图集。表 4-2 为陕西十县农村金融市场各年概况描述性统计，表 4-3 为 2008—2012 年开放度指标描述性统计，表 4-4 为陕西县域农村金融市场开放度指标相关矩阵。

表 4-2　陕西省十县域农村金融市场年度概况（2008—2012 年）

年份		结构		规模		深度	
		农村金融机构覆盖率	小微农村金融机构比例	涉农贷款规模	农村贷款规模	金融相关比	储蓄转化率
2008	最大值	1.8776	0.0217	1.0409	1.0000	2.6999	0.4858
	最小值	0.9819	0.0000	0.2535	0.6637	0.3773	0.2191

续表

年份		结构		规模		深度	
		农村金融机构覆盖率	小微农村金融机构比例	涉农贷款规模	农村贷款规模	金融相关比	储蓄转化率
2008	均值	1.4167	0.0039	0.6731	0.8910	1.5696	0.3554
2009	最大值	1.8685	0.0625	0.8576	1.0000	2.3733	0.4097
	最小值	1.0069	0.0000	0.2977	0.5085	0.5536	0.2493
	均值	1.4387	0.0223	0.6802	0.8963	1.5473	0.3394
2010	最大值	2.0167	0.0690	0.8234	1.0000	2.2911	0.4573
	最小值	1.0264	0.0000	0.3955	0.8358	0.5656	0.2498
	均值	1.4834	0.0329	0.6478	0.9426	1.5201	0.3459
2011	最大值	2.0848	0.1000	0.8413	0.9915	1.8748	0.5759
	最小值	0.9687	0.0152	0.4953	0.8705	0.4793	0.2399
	均值	1.5079	0.0425	0.6941	0.9380	1.3884	0.3853
2012	最大值	2.0027	0.1000	0.8391	0.9919	1.8391	0.5155
	最小值	0.9645	0.0152	0.2210	0.8858	0.5550	0.1062
	均值	1.4932	0.0425	0.5949	0.9625	1.3647	0.3268

表4-3　陕西县域农村金融市场2008—2012年开放度指标描述性统计

	农村金融机构覆盖率	小微农村金融机构比例	涉农贷款规模	农村贷款规模	金融相关比	储蓄转化率
最大值	2.0848	0.1000	1.0409	1.0000	2.6999	0.5759
最小值	0.9645	0.0000	0.2210	0.5085	0.3773	0.1062
均值	1.4680	0.0288	0.6580	0.9260	1.4780	0.3506
标准差	0.2862	0.0247	0.1808	0.0914	0.4975	0.0915

表4-4　　　　陕西县域农村金融市场开放度指标相关矩阵

	农村金融机构覆盖率	小微农村金融机构比例	涉农贷款规模	农村贷款规模	金融相关比	储蓄转化率
农村金融机构覆盖率	1.00					
小微农村金融机构比例	0.358 ** (0.011)	1.00				

续表

	农村金融机构覆盖率	小微农村金融机构比例	涉农贷款规模	农村贷款规模	金融相关比	储蓄转化率
涉农贷款规模	0.052 (0.720)	0.186 (0.197)	1.00			
农村贷款规模	0.575*** (0.000)	0.196 (0.173)	0.235 (0.100)	1.00		
金融相关比	-0.413*** (0.003)	-0.501*** (0.000)	-0.190 (0.186)	-0.196 (0.173)	1.00	
储蓄转化率	-0.363*** (0.010)	-0.068 (0.641)	0.407*** (0.003)	0.017 (0.906)	0.056 (0.701)	1.00

注：***、**、*分别表示在1%、5%、10%的显著性水平下通过检验。

4.2 开放度评价方法

本节将在上一节构建的农村金融市场评价指标体系框架内对陕西农村金融市场的开放度进行综合与分类评价。鉴于此，我们需要一些可比较的值对农村金融市场的开放程度进行描述和比较，而TOPSIS法（理想点排序法）作为一种评价方法，能够对被评价对象进行相对评分并以此排序。然而使用此方法的核心问题是首先要获得每一个评价指标在整个评价体系中的权重，关于重要性（权重）的判定属于决策问题，可以在专家打分的基础上由AHP法得出。因此，我们首先将对所有评价对象的所有评价指标进行计算；其次，采用专家问卷打分法给出每个评价指标的重要性得分并采用AHP法计算出指标权重；最后，在指标权重的基础上计算出被评价对象的开放度得分与排序。

4.2.1 层次分析法（AHP）

层次分析法（AHP）作为一种系统化、层次化的决策方法在20世纪70年代由美国运筹学家Satty最初提出并进一步发展（Saaty，1990）。层次分析法的应用已经遍及选择决策、评价分析、收益成本分析、发展规划等许多领域，充分显示了它在处理复杂决策问题上的实用性和有效性（Vaidya和Kumar，2006）。在金融领域，通过对20世纪80年代到21世纪初相关文献的归纳整理，Steuer和Na（2003）发现层次分析法被广泛应用于投资组合分析、财务规划、利率与风险分析、预测与分类、战略规划、企业并购等诸多研究领域。除此之外，Wooldridge（2012）使用 AHP - DEA 模型对影响农村金融生态环境的因素进行了评价。Hongmei 和 Shijiao（2010）通过使用 AHP 法对网络银行实证分析，衡量了中国金融企业进行技术创新所带来的风险。Wei 和 Chen（2011）建立了金融衍生品市场系统性风险监控指标体系，并采用 AHP 法对每个指标的权重进行了判断。Wu 等（2011）则结合层次分析法与敏感性分析对台湾金融服务部门的表现进行了评价。

层次分析法的分析过程主要包括层次构造、比较分析和一致性检验三个部分（Ho，2008）。首先，决策者需要先将复杂的决策问题自上而下地分解为若干层次，并将相关的因素按照不同属性自上而下放入不同层次，同一层因素从属于上一层的因素同时又受到下一层因素的影响；其次，依据一定准则采用成对比较法对同一层因素的重要性进行两两比较，构造成对比较矩阵；然而，在比较中由于受到决策者主观因素的影响，可能会出现判断不一致的情况，此时就需要对比较矩阵进行一致性检验，若检验通过则可继续计算出各个因素的权重，若不通过则需要重新构造比较矩阵。层次分析法的具体步骤如下：

步骤 1：建立层次结构模型。自上而下依次包括目标层 M，准则层 Z，对象层 D。目标层是决策者的最终目的，准则层是从属于评价目标的因素，对象层是直接影响上一层的因素。

步骤 2：每一个决策者依据 Satty 的 1 - 9 标度法（见表 4 - 5）独立地对最底层即对象层的所有因素进行两两比较。当对同一层次的因素 i 与因素 j 进行比较时，a_{ij} 表示重要性赋值。然后，依据赋值构建成对比较矩阵 A。

表 4 - 5　　　　　　　　Satty 的 1 - 9 标度法

赋值	因素 i 与因素 j 对上一层因素的相对重要性
$a_{ij}=1$	因素 i 与因素 j 同样重要（Equal）
$a_{ij}=3$	因素 i 比因素 j 略微重要（Weak）
$a_{ij}=5$	因素 i 比因素 j 重要（Obvious）
$a_{ij}=7$	因素 i 比因素 j 重要得多（Extreme）
$a_{ij}=9$	因素 i 相对因素 j 极其重要（Absolute）
$a_{ij}=2k$	$k=1,2,3,4$；因素 i 与因素 j 的重要性介于 $a_{ij}=2k-1$ 和 $a_{ij}=2k+1$ 之间

$$A = \begin{bmatrix} a_{11} & a_{12} & \cdots & a_{1j} \\ a_{21} & a_{22} & \cdots & a_{2j} \\ \cdots & \cdots & \cdots & \cdots \\ a_{i1} & a_{i2} & \cdots & a_{ij} \end{bmatrix} \quad (4-1)$$

步骤3：通过计算随机一致性比率来判断成对比较矩阵 A 的一致性。

$$CR = \frac{CI}{RI} \quad (4-2)$$

$$CR = \frac{CI}{RI} = [(\lambda_{max} - n)/(n-1)]/RI \quad (4-3)$$

$$\lambda_{max} = \frac{1}{n} \sum_{i=1}^{n} \frac{(AU)_i}{u_i} \quad (4-4)$$

$$U = (u_1, u_2, \cdots, u_n)^z, U_k = \frac{\sum_{j=1}^{n} a_{kj}}{\sum_{i=1}^{n} \sum_{j=1}^{n} a_{ij}} \quad (4-5)$$

式中：CR 为随机一致性比率；RI 为平均随机一致性指标且按照 Satty 的定义只与矩阵阶数有关（见表4-6）；n 为参与比较的因素数量；λ_{max} 为成对比较矩阵 A 的最大特征值；U 为其对应于最大特征值的特征向量。当 $\lambda_{max} = n, CR = 0$ 时，比较矩阵 A 是一个理想的成对比较矩阵；CI 的值越大，矩阵的一致性越差。一般来说，当 $CR < 0.1$ 时，成对比较矩阵的不一致程度可以被接受，否则就要调整比较矩阵直到达到满意的一致性为止，调整方法可参考刘万里和雷治军（1997）、李梅霞（2000）以及骆正清（2004）的研究。

表4-6　　　　　　　　Satty 的随机一致性值

n	1	2	3	4	5	6	7	8	9
RI	0	0	0.58	0.90	1.12	1.24	1.32	1.41	1.45

步骤4：计算参与比较的所有因素的权重向量

$$W_i = \sum_{j=1}^{n} a_{ij} (i = 1, 2, \cdots, n) \quad (4-6)$$

$$W_i = (W_1, W_2, \cdots, W_n)^T \quad (4-7)$$

从而得到各个层次因素的权重向量

$$W^{(Z-M)} = (W_1^{(Z-M)}, W_2^{(Z-M)}, \cdots, W_n^{(Z-M)})^T \quad (4-8)$$

$$W^{(D-Z)} = (W_1^{(D-Z)}, W_2^{(D-Z)}, \cdots, W_n^{(D-Z)})^T \quad (4-9)$$

$$W = W^{(D-Z)} \cdot W^{(Z-M)} = (w_1, w_2, \cdots, w_n) \qquad (4-10)$$

4.2.2 理想点排序法（TOPSIS）

理想点排序法（TOPSIS）是一种根据评价对象与理想化目标的接近程度，来评价对象的相对优劣进行排序的评价方法。作为一种多准则评价方法，TOPSIS 法由 C. L. Hwang 与 K. Yoon 首次提出（Hwang 和 Yoon，1981），并在诸多领域得到了广泛应用。比如，Wang 和 Hsu（2004）使用 TOPSIS 法对台湾电脑公司的经营表现进行了评价；Ertuğrul 和 Karakaşoğlu（2009）结合 FAHP 法与 TOPSIS 法评价了土耳其水泥公司的经营状况；PI（2005）与罗新星和彭素华（2011）建立了基于 AHP 与 TOPSIS 法的供应商评价模型，并通过实例对模型的可行性进行了验证。至于该方法在金融领域的应用，Hemmati 等（2013）结合 TOPSIS 与 DEA 对 16 家私人银行和政府银行在电子支付业务方面的相对效率进行了评价；Seçme 等（2009）结合 AHP 与 TOPSIS 评价了土耳其银行部门的表现；Tsai 等（2008）则结合 ANP 与 TOPSIS 对财产责任保险公司的表现作出了评价。此外，Liu（2007）在构建指标体系的基础上，结合 TOPSIS 与直觉模糊集对风险投资项目进行了评估。

根据评价对象与理想化目标的距离来评价其相对优劣是 TOPSIS 的基本原理。理想化目标也就是具有两端性的极端化目标，一端是最优目标，即各评价指标都达到最优值的解集；另一端是最劣目标，即各评价指标都达到最差值的解集。若评价对象最靠近最优解同时又最远离最劣解，则认为其最好；反之，若评价对象最远离最优解却最靠近最劣解，则认为其最差。因此，TOPSIS 法的具体步骤如下：

步骤 1：假定 n 为评价指标数量，p 为评价对象数量，x_{ij} 是评价对象 i 在评价指标 j 上的值，则构造矩阵 X 如下：

$$X = \begin{bmatrix} x_{11} & \cdots & x_{1j} & \cdots & x_{1n} \\ x_{21} & \cdots & x_{2j} & \cdots & x_{2n} \\ \cdots & \cdots & \cdots & \cdots & \cdots \\ x_{i1} & \cdots & x_{ij} & \cdots & x_{in} \\ \cdots & \cdots & \cdots & \cdots & \cdots \\ x_{p1} & \cdots & x_{pj} & \cdots & x_{pn} \end{bmatrix} \qquad (4-11)$$

步骤2：对矩阵 X 进行归一化处理，得到规范化矩阵 R。

$$r_{ij} = \frac{x_{ij}}{\sum_{i=1}^{p} x_{ij}} \quad i = 1,2,\cdots,p \quad j = 1,2,\cdots,n \quad (4-12)$$

$$R = \begin{bmatrix} r_{11} & \cdots & r_{1j} & \cdots & r_{1n} \\ r_{21} & \cdots & r_{2j} & \cdots & r_{2n} \\ \cdots & \cdots & \cdots & \cdots & \cdots \\ r_{i1} & \cdots & r_{ij} & \cdots & r_{in} \\ \cdots & \cdots & \cdots & \cdots & \cdots \\ r_{p1} & \cdots & r_{pj} & \cdots & r_{pn} \end{bmatrix} \quad (4-13)$$

步骤3：对规范化矩阵 R 权重化处理，得到权重规范化矩阵 V。

$$v_{ij} = w_j \times r_{ij} \quad i = 1,2,\cdots,p \quad j = 1,2,\cdots,n \quad (4-14)$$

$$V = \begin{bmatrix} w_1 r_{11} & \cdots & w_j r_{1j} & \cdots & w_n r_{1n} \\ w_1 r_{21} & \cdots & w_j r_{2j} & \cdots & w_n r_{2n} \\ \cdots & \cdots & \cdots & \cdots & \cdots \\ w_1 r_{i1} & \cdots & w_j r_{ij} & \cdots & w_n r_{in} \\ \cdots & \cdots & \cdots & \cdots & \cdots \\ w_1 r_{p1} & \cdots & w_j r_{pj} & \cdots & w_n r_{pn} \end{bmatrix} \quad (4-15)$$

步骤4：确定最优解 A^+ 和最劣解 A^-。

$$A^+ = \{(\max_i v_{ij} | j \in J_1), (\min_i v_{ij} | j \in J_2) | i = 1,2,\cdots,p\}$$
$$= (v_1^+, \cdots, v_n^+) \quad (4-16)$$

$$A^- = \{(\min_i v_{ij} | j \in J_1), (\max_i v_{ij} | j \in J_2) | i = 1,2,\cdots,p\}$$
$$= (v_1^-, \cdots, v_n^-) \quad (4-17)$$

式中：J_1 为收益型指标集，也就是对评价对象的变动具有正向影响的指标的集合；J_2 为成本型指标集，也就是对评价对象的变动具有负向影响的指标的集合。一般而言，最优解为收益型指标最大值与成本型指标最小值，最劣解则为收益型指标最小值与成本型指标最大值（Wang 和 Elhag，2006）。收益型指标越大，成本型指标越小，对评价结果越有利；反之，则对评价结果不利。

步骤5：采用欧几里得几何距离计算评价对象到最优解 A^+ 和最劣解 A^- 的距离，得到各个评价对象与理想化目标的接近程度 CC_i 视为开放度指标得分。

$$d_i^+ = \sqrt{\sum_{j=1}^{n}(v_{ij}-v_j^+)^2} \quad i=1,2,\cdots,p \quad j=1,2,\cdots,n \tag{4-18}$$

$$d_i^- = \sqrt{\sum_{j=1}^{n}(v_{ij}-v_j^-)^2} \quad i=1,2,\cdots,p \quad j=1,2,\cdots,n \tag{4-19}$$

$$CC_i = \frac{d_i^-}{d_i^+ + d_i^-} \quad i=1,2,\cdots,p \quad 0 \leqslant CC_i \leqslant 1 \tag{4-20}$$

式中：当 $CC_i=1$ 表示评价对象最优，$CC_i=0$ 表示评价对象最劣；CC_i 值越大该评价对象越优，即分值越大开放程度越高。

4.3 基于 AHP 和 TOPSIS 的陕西农村金融市场开放度评价及结果

本章将通过层次分析法 AHP 与理想点排序法 TOPSIS 对 2008—2012 年陕西省农村金融市场开放度进行评价比较。依据层次分析法原理，构建开放度层次评价模型如图 4-1 所示，目标层 M 是所要评价的农村金融市场开放程度，准则层 Z 是决定农村金融市场开放程度的市场结构、规模、深度三个方面，对象层 D 是直接作用于结构、规模、深度从而影响农村金融市场开放度的评价指标。指标重要性的判定由专家打分法得出，其中四名专家来自样本区域人民银行或银监会的监管部门，一名专家来自农村金融研究机构，其他四名专家为当地金融机构业务管理人员。权重指数反映了

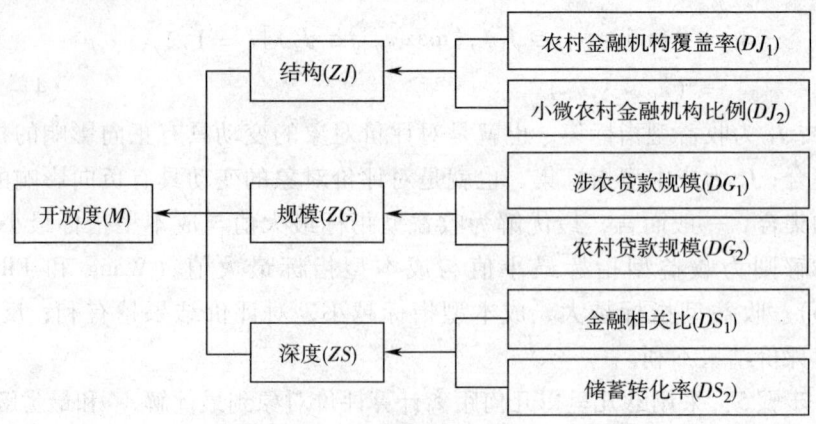

图 4-1 开放度层次评价模型

对于开放度而言各个指标的相对重要性,借助层次分析法软件 Yaahp7.5 从已通过一致性检验的成对比较矩阵可得出权重指数,结果如表 4-7 所示。在此基础上,本书将依据理想点排序法的原理并利用 Excel 软件对陕西十县 2008—2012 年农村金融市场的综合开放度、结构开放度、规模开放度和深度开放度分别进行计算比较,后文将直接给出结果。

表 4-7　　　　　　　　开放度指标权重指数

准则层（Z）	标准化权重	对象层（D）	标准化权重	综合权重
结构（ZJ）	0.3108	农村金融机构覆盖率（DJ_1）	0.3333	0.1036
		小微农村金融机构比例（DJ_2）	0.6667	0.2072
规模（ZG）	0.4934	涉农贷款规模（DG_1）	0.6667	0.3289
		农村贷款规模（DG_2）	0.3333	0.1645
深度（ZS）	0.1958	金融相关比（DS_1）	0.2481	0.0486
		储蓄转化率（DS_2）	0.7519	0.1472

4.3.1　综合开放度分析与评价

综合开放度是对农村金融市场的开放程度从市场结构、市场规模、市场深度三个角度进行的综合评价。由表 4-7 可知,涉农贷款规模相对于其他指标而言是最重要的开放度评价指标,小微农村金融机构比例的重要性紧随其后,农村贷款规模、储蓄转化率与农村金融机构覆盖率的重要性相当,金融相关比率指标对于农村金融市场综合开放度的评价则是最不重要的。在此基础上,可得到 2008—2012 年陕西县域农村金融市场综合开放度在各年度十县域之间的横向比较(见表 4-8)、在同一个县域五年内的纵向比较(见表 4-9)以及县域综合开放度平均值随时间变化的趋势(见图4-2)。

表 4-8　　　陕西省县域农村金融市场综合开放度
横向比较（2008—2012 年）

年份		岐山县	洛南县	安塞县	富平县	蒲城县	澄城县	合阳县	华县	大荔县	潼关县
2008	得分	0.8821	0.7921	0.1127	0.2158	0.0493	0.1999	0.2605	0.1987	0.1030	0.0897
	排名	1	2	7	4	10	5	3	6	8	9
2009	得分	0.8897	0.4391	0.2530	0.5253	0.2238	0.6933	0.3116	0.6905	0.3141	0.2082
	排名	1	5	8	4	9	2	6	3	7	10

续表

年份		岐山县	洛南县	安塞县	富平县	蒲城县	澄城县	合阳县	华县	大荔县	潼关县
2010	得分	0.8237	0.4271	0.8250	0.4780	0.2374	0.6337	0.3231	0.5229	0.4923	0.2327
	排名	2	7	1	6	9	3	8	4	5	10
2011	得分	0.5603	0.3781	0.7867	0.3074	0.2428	0.4009	0.1368	0.3442	0.3095	0.4227
	排名	2	5	1	8	9	4	10	6	7	3
2012	得分	0.6546	0.5177	0.8174	0.4369	0.3796	0.5006	0.1368	0.2391	0.4338	0.4681
	排名	2	3	1	6	8	4	10	9	7	5
平均排名		1.6	4.4	3.6	5.6	9.0	3.6	7.4	5.6	6.8	7.4

表4-9　　　陕西省县域农村金融市场综合开放度纵向比较（2008—2012年）

年份	2008	2009	2010	2011	2012
岐山县	0.0281	0.9268	0.9622	0.8970	0.8565
洛南县	0.1898	0.2064	0.1511	0.8566	0.8011
安塞县	0.0152	0.1772	0.7043	0.9773	0.9778
富平县	0.2616	0.8183	0.7656	0.8275	0.7381
蒲城县	0.0843	0.5095	0.6558	0.9712	0.9389
澄城县	0.1984	0.9106	0.8413	0.8447	0.7611
合阳县	0.5513	0.4403	0.5624	0.5428	0.4487
华县	0.5846	0.8376	0.6036	0.7456	0.4104
大荔县	0.0112	0.4816	0.9340	0.9866	0.8904
潼关县	0.0329	0.1609	0.2334	0.9685	0.8575
平均值	0.1957	0.5469	0.6414	0.8618	0.7681

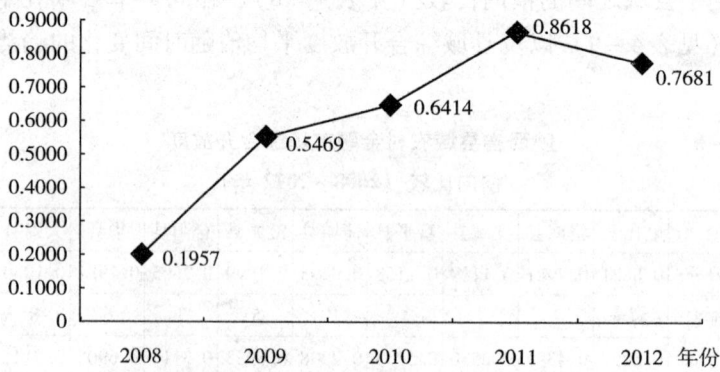

图4-2　陕西县域农村金融市场综合开放度变化趋势

从表4-8各年度县域各农村金融市场综合开放度横向比较结果来看，在2008—2012年的五年间，开放度平均排名由高到低依次是岐山县、安塞县与澄城县（并列）、洛南县、富平县与华县（并列）、大荔县、合阳县与潼关县（并列）以及蒲城县。2008年和2009年度综合开放度最高的是岐山县，安塞县在2010年超过了岐山县并在接下来的2011年和2012年稳居综合开放度第一的位置。综合开放度最低的农村金融市场，2008年是蒲城县，2009年和2010年是潼关县，2011年和2012年是合阳县。

从图4-2的变化趋势来看，自2008—2012年的五年，陕西县域农村金融市场综合开放度整体呈现上升趋势，虽然在2012年下降了10.87%，但年平均增长幅度仍达到了40.75%。从表4-9的各县变化趋势来看，与2008年相比，除合阳县与华县的综合开放度在经历波动后最终出现下降以外，其余八县的综合开放度在2012年均出现大幅度增长。其中，岐山县、富平县和澄城县的农村金融市场综合开放度在2009年出现大幅度提升后，呈现波动下降趋势；洛南县农村金融市场综合开放度的大幅度提升出现在2011年并达到五年最大，但随后下滑了6.48%；安塞县的农村金融市场综合开放度在此五年间呈现持续上升趋势，2009年增长最快，与前一年相比增长了1 065.79%；蒲城县农村金融市场综合开放度在前四年呈现快速增长趋势，但在2012年略微下降了3.33%；大荔县的农村金融市场综合开放度从2008年起一直保持增长趋势并在2011年达到最大，随后下降了9.75%；潼关县农村金融市场综合开放度在2008—2010年增长较缓慢，2011年骤然上升达到五年最大，随后回落了11.46%。

4.3.2 结构开放度分析与评价

结构开放度是对农村金融市场的开放程度仅从市场结构角度进行评价，包括农村金融机构覆盖率和小微农村金融机构比例两项指标。由表4-7的测算可知结构评价指标权重指数分别为0.3333与0.6667，即小微农村金融机构比例的重要性大于农村金融机构覆盖率。在此基础上，可得到2008—2012年陕西县域农村金融市场结构开放度在各年度十县域之间的横向比较（见表4-10）、在同一个县域五年内的纵向比较（见表4-11）以及县域结构开放度平均值随时间变化的趋势（见图4-3）。

表 4 – 10　　　　陕西省县域农村金融市场结构开放度
横向比较（2008—2012 年）

		岐山县	洛南县	安塞县	富平县	蒲城县	澄城县	合阳县	华县	大荔县	潼关县
2008	得分	0.9588	0.8065	0.0540	0.0199	0.0000	0.0362	0.0203	0.0377	0.0085	0.0396
	排名	1	2	3	8	10	6	7	5	9	4
2009	得分	0.9293	0.2868	0.0965	0.4563	0.2406	0.6409	0.0342	0.6963	0.2490	0.0704
	排名	1	5	8	4	6	3	10	2	7	9
2010	得分	0.8541	0.2648	1.0000	0.4129	0.2162	0.5791	0.3296	0.6309	0.4388	0.0847
	排名	2	8	1	6	9	4	7	3	5	10
2011	得分	0.5477	0.2448	1.0000	0.1680	0.0000	0.3035	0.1244	0.3519	0.1833	0.3911
	排名	2	7	1	8	10	5	9	4	6	3
2012	得分	0.5496	0.2456	1.0000	0.1670	0.0000	0.3031	0.1343	0.3491	0.1838	0.3922
	排名	2	6	1	8	10	5	9	4	7	3
平均排名		1.6	5.4	2.8	6.8	9.2	4.6	8.4	3.6	6.8	5.8

表 4 – 11　　　　陕西省县域农村金融市场结构开放度
纵向比较（2008—2012 年）

年份	2008	2009	2010	2011	2012
岐山县	0.0000	0.9958	0.9935	1.0000	0.9988
洛南县	0.0000	0.0000	0.0000	1.0000	1.0000
安塞县	0.0012	0.0000	0.6897	1.0000	0.9889
富平县	0.0000	0.9878	1.0000	0.9975	0.9882
蒲城县	0.0070	0.9922	1.0000	0.9772	0.9756
澄城县	0.0034	1.0000	0.9826	0.9878	0.9809
合阳县	0.0027	0.0000	0.9879	0.9845	1.0000
华县		0.9635	0.9660	1.0000	0.9811
大荔县	0.0000	0.5078	1.0000	0.9997	0.9991
潼关县	0.0032	0.0019		0.9990	1.0000
平均值	0.0018	0.5449	0.7620	0.9946	0.9913

从表 4 – 10 各年度县域各农村金融市场结构开放度横向比较结果来看，在 2008—2012 年的五年，平均开放度排名由高到低依次是岐山县、安塞县、华县、澄城县、洛南县、潼关县、富平县和大荔县（并列）、合阳县以及蒲城县。2008 年和 2009 年结构开放度最高的是岐山县，安塞县则在

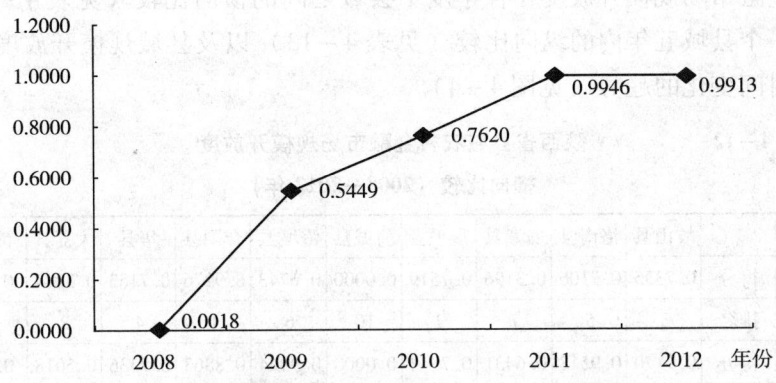

图 4-3　陕西县域农村金融市场结构开放度变化趋势

2010年、2011年以及2012年稳居结构开放度第一的位置。结构开放度最低的农村金融市场，2009年是合阳县，2010年是潼关县，蒲城县在2008年、2011年以及2012年均为结构开放度最低的农村金融市场。

从图4-3的变化趋势来看，自2008—2012年的五年，除2012年略有下降外，陕西县域农村金融市场结构开放度整体呈现上升趋势，年均增长幅度达到了384.44%。从表4-11的各县变化趋势来看，与2008年相比，所有县域农村金融市场的结构开放度都出现了极大的提高。其中，岐山县、富平县、蒲城县、澄城县、华县的结构开放度在2009年出现大幅度增长，随后三年在0.90~1.00波动；洛南县的结构开放度在2008—2010年保持不变，在2011年上升达到五年最大；安塞县与合阳县的结构开放度在2009年出现下降至五年最低，但2010年迅速上升并呈现波动性增长趋势；大荔县的结构开放度从2008年起持续增长，至2010年达到五年最大，但在2012年略微下降了0.06%；潼关县的结构开放度从2008年起持续下降，至2010年达到五年最低值，但在2011年快速增长，至2012年达到五年最高值。

4.3.3　规模开放度分析与评价

规模开放度是对农村金融市场的开放程度仅从市场规模角度进行评价，包括涉农贷款规模与农村贷款规模两项指标。由表4-7的测算可知结构评价指标权重指数分别为0.6667与0.3333，即涉农贷款规模的重要性大于农村贷款规模的重要性。在此基础上，可得到2008—2012年陕西县域农村金融市场规模开放度在各年度十县域之间的横向比较（见表4-12）、在同一个县域五年内的纵向比较（见表4-13）以及县域规模开放度平均值随时间变化的趋势（见图4-4）。

表4-12　　　　陕西省县域农村金融市场规模开放度横向比较（2008—2012年）

年份		岐山县	洛南县	安塞县	富平县	蒲城县	澄城县	合阳县	华县	大荔县	潼关县
2008	得分	0.7335	0.7106	0.3196	0.7519	0.0000	0.6743	0.9276	0.7183	0.3144	0.1958
	排名	3	5	7	2	10	6	1	4	8	9
2009	得分	0.9170	0.9518	0.6431	0.7914	0.0000	0.9974	0.8863	0.7336	0.5018	0.4718
	排名	3	2	7	5	10	1	4	6	8	9
2010	得分	0.9255	0.9388	0.6743	0.6751	0.0000	0.9627	0.2930	0.2103	0.6255	0.5443
	排名	3	2	5	4	10	1	8	9	6	7
2011	得分	0.8830	0.9158	0.5384	0.7146	0.2329	0.8743	0.0931	0.3179	0.5054	0.5547
	排名	2	1	6	4	9	3	10	8	7	5
2012	得分	0.9496	0.9446	0.7457	0.7019	0.5743	0.7969	0.1248	0.0409	0.6455	0.5189
	排名	1	2	4	5	7	3	9	10	6	8
平均排名		2.4	2.4	5.8	4.0	9.2	2.8	6.4	7.4	7.0	7.6

表4-13　　　　陕西省县域农村金融市场规模开放度纵向比较（2008—2012年）

年份	2008	2009	2010	2011	2012
岐山县	0.5586	0.5587	0.4661	0.4706	0.7277
洛南县	0.5626	0.8070	0.4738	0.5262	0.3019
安塞县	0.0545	0.7917	1.0000	0.9791	0.9285
富平县	0.8015	0.4323	0.1905	0.4643	0.1985
蒲城县	0.1119	0.1278	0.4774	0.9891	1.0000
澄城县	0.5048	1.0000	0.6733	0.6261	0.2251
合阳县	0.9374	0.6888	0.3050	0.2751	0.0626
华县	0.9770	0.8047	0.4294	0.6404	0.0230
大荔县	0.0000	0.3914	0.9509	0.9689	0.7415
潼关县	0.0077	0.5151	0.8162	0.9923	0.5545
平均值	0.4516	0.6117	0.5783	0.6932	0.4763

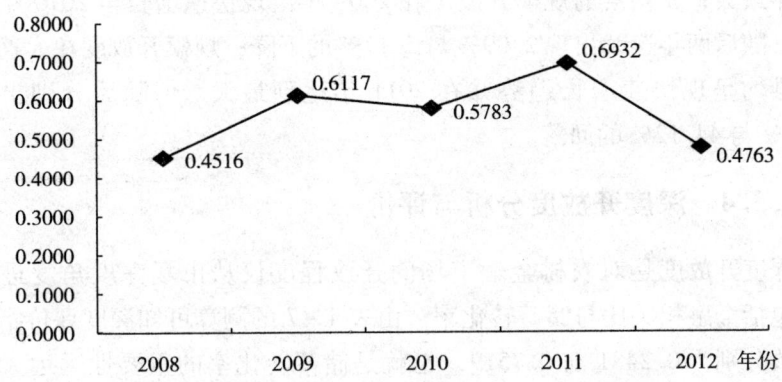

图 4-4　陕西农村金融市场规模开放度变化趋势

从表 4-12 各年度县域各农村金融市场规模开放度横向比较结果来看，在 2008—2012 年的五年，平均开放度排名由高到低依次是岐山县和洛南县（并列）、澄城县、富平县、安塞县、合阳县、大荔县、华县、潼关县以及蒲城县。规模开放度最高的农村金融市场，2008 年是合阳县，2009 年和 2010 年是澄城县，2012 年是洛南县，2012 年是岐山县。蒲城县在 2008 年、2009 年和 2010 年都是规模开放度最低的农村金融市场，2011 年和 2012 年规模开放度最低的农村金融市场则分别是合阳县与华县。

从图 4-4 的变化趋势来看，自 2008—2012 年的五年，陕西县域农村金融市场规模开放度整体呈现波动趋势。规模开放度在 2009 年较 2008 年提高了 35.45%，虽然在 2010 年出现了 5.46% 的下降，到 2011 年又提高了 19.87%，但是在 2012 年出现了大幅度下降，最终与农村金融市场开放初期的 2008 年相比，规模开放度在 2012 年仅仅提高了 5.47%。从表 4-13 的各县变化趋势来看，与 2008 年相比，岐山县、安塞县、蒲城县、大荔县和潼关县的农村金融市场规模开放度在 2012 年出现增长，其余五县规模开放度则出现了下降。具体来看，岐山县的规模开放度从 2008—2010 年在 0.46~0.56 波动，但在 2012 年较之上一年增长了 54.63%；富平县和华县的规模开放度变化趋势相同，从 2008—2010 年持续下降，在 2011 年出现增长，但 2012 年又出现回落；规模开放度在合阳县呈现持续下降趋势，与 2008 年相比开放度下降了 93.32%；蒲城的规模开放度在 2008 年与 2009 年增长缓慢，2010 年出现快速增长趋势，至 2012 年开放度达到五年最大；规模开放度在洛南县和澄城县呈现波动性下降趋势，均在 2009 年达到五年最大；安塞县的规模开放度在 2009 年出现快速增长至 2010 年达到最大，随后两年连续出现 2.09% 与 5.17% 的下降；规模开放度在大荔县与潼关县均呈现快速增长趋势并在 2011 年达到最大，但随后分别出现了 23.47% 与 44.12% 的回落。

4.3.4 深度开放度分析与评价

深度开放度是对农村金融市场的开放程度仅从市场深度角度进行评价，包括金融相关比与储蓄转化率。由表 4-7 的测算可知深度评价指标权重指数分别为 0.2481 与 0.7519，也就是储蓄转化率的重要性远远大于金融相关比的重要性。在此基础上可得到 2008—2012 年陕西县域农村金融市场深度开放度在各年度十县域之间的横向比较（见表 4-14）、在同一个县域五年内的纵向比较（见表 4-15）以及县域深度开放度平均值随时间变化的趋势（见图 4-5）。

表 4-14　　陕西省县域农村金融市场深度开放度横向比较（2008—2012 年）

年份		岐山县	洛南县	安塞县	富平县	蒲城县	澄城县	合阳县	华县	大荔县	潼关县
2008	得分	0.1935	0.6184	0.3122	0.7808	0.4447	0.8087	0.8002	0.3128	0.4332	0.3941
	排名	10	4	9	3	5	1	2	8	6	7
2009	得分	0.3183	0.7121	0.3146	0.8026	0.6192	0.7945	0.6641	0.2278	0.5964	0.4508
	排名	8	3	9	1	5	2	4	10	6	7
2010	得分	0.3562	0.5843	0.4146	0.7346	0.8121	0.4783	0.3340	0.1500	0.7633	0.3844
	排名	8	4	6	3	1	5	9	10	2	7
2011	得分	0.2185	0.3991	0.3636	0.5623	0.9645	0.3875	0.2325	0.3070	0.7947	0.5035
	排名	10	5	7	3	1	6	9	8	2	4
2012	得分	0.4073	0.5474	0.6372	0.7321	0.9617	0.5148	0.1739	0.0880	0.8028	0.6619
	排名	8	6	5	3	1	7	9	10	2	4
平均排名		8.4	4.4	7.2	2.6	2.6	4.2	6.6	9.2	3.6	5.8

表 4-15　　陕西省县域农村金融市场深度开放度纵向比较（2008—2012 年）

年份	2008	2009	2010	2011	2012
岐山县	0.0000	0.6630	1.0000	0.5173	0.2656

续表

年份	2008	2009	2010	2011	2012
洛南县	0.9290	0.9595	0.6426	0.4299	0.0000
安塞县	0.0512	0.3755	0.6929	0.7056	0.9700
富平县	0.8563	0.1247	0.1275	0.1865	0.0689
蒲城县	0.1108	0.1483	0.4229	0.9117	0.7551
澄城县	1.0000	0.5306	0.1949	0.2723	0.0252
合阳县	0.9968	0.6552	0.4100	0.3108	0.0000
华县	0.8572	0.7479	0.6462	0.9875	0.0063
大荔县	0.0526	0.1489	0.6669	0.9564	0.5861
潼关县	0.1853	0.2186	0.2111	0.8210	0.7893
平均值	0.5039	0.4572	0.5015	0.6099	0.3466

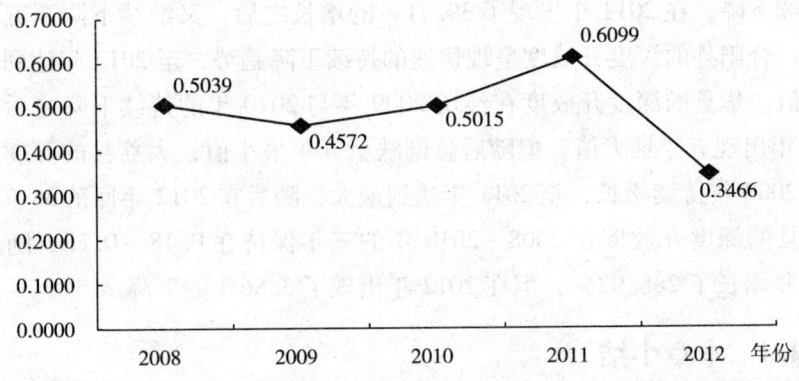

图4-5 陕西农村金融市场深度开放度变化趋势

从表4-14各年度县域各农村金融市场深度开放度横向比较结果来看，在2008—2012年的五年，平均开放度排名由高到低依次是富平县和蒲城县（并列）、大荔县、澄城县、洛南县、潼关县、合阳县、安塞县、岐山县以及华县。2008年和2009年深度开放度最高的农村金融市场分别是澄城县和富平县，蒲城县在随后的2010年、2011年和2012年成为深度开放度最高的农村金融市场。至于深度开放度最低的农村金融市场，2008年和2009年是岐山县，2009年、2010年和2012年均为华县。

从图4-5的变化趋势来看，自2008—2012年的五年时间，陕西县域农村金融市场深度开放度整体呈现波动趋势。深度开放度在2009年较之

2008年下降了9.27%，在2010年比上一年提高了8.79%，随后在2011年出现了大幅度提高，增长幅度达21.62%，但是在接着的2012年却出现了大幅度下降，下降了43.17%，最终与农村金融市场开放初期的2008年相比，深度开放度下降了31.22%。从表4-15的各县变化趋势来看，与2008年相比，岐山县、安塞县、蒲城县、大荔县和潼关县的农村金融市场深度开放度在2012年出现增长，其余五县的深度开放度则出现了下降。具体来看，岐山县的深度开放度呈现倒U形变化，五年最大值出现在2010年；洛南县的深度开放度在2010年下降了33.03%，随后持续下降直至2012年达到五年最低；深度开放度在安塞县呈现持续上升趋势，年均增幅为188.56%；富平县的深度开放度在2009年下降了85.43%之后，一直在0.06~0.19波动；蒲城县的深度开放度在2010年开始快速增长，至2011年达到五年最大，随后回落17.18%；澄城县的深度开放度从2008—2010年持续下降，在2011年出现了39.71%的增长之后，又继续下降至五年最低点；合阳县的深度开放度呈现快速的持续下降趋势，至2012年达到五年最小值；华县的深度开放度在经历2009年与2010年的持续下降之后，在2011年出现五年最大值，但随后急剧跌至五年最小值；大荔县的深度开放度从2008年持续增长，至2011年达到最大，随后在2012年回落38.72%；潼关县的深度开放度在2008—2010年的三年保持在0.18~0.22，随后在2011年增长了288.92%，但在2012年出现了3.86%的下降。

4.4 本章小结

本章通过建立多维度的农村金融市场开放度评价指标体系，在层次分析法AHP的基础上采用理想点排序法TOPSIS从市场结构、市场规模、市场深度视角对陕西农村金融市场开放程度进行了全面评价。

自2008—2012年的五年，农村金融市场综合开放度整体呈现上升趋势，虽然在2012年下降了10.87%，但年平均增长幅度仍达到了40.75%；与2008年相比，样本县域中，80.00%县域的农村金融市场综合开放度得到了提升。开放度在市场结构方面的提升非常显著，除2012年略有下降外，整体呈现上升趋势，年均增长幅度达到了384.44%；与2008年相比，所有样本县域农村金融市场的结构开放度都出现了极大的提高。规模开放度和深度开放度整体呈现波动趋势，与2008年相比，分别仅有50.00%的样本县域农村金融市场规模开放度和深度开放度得到了提升，规模开放度在2012年仅仅提高了5.47%，深度开放度却在2012年下降了31.22%。值得注意的是，在2012年开放度出现一个下降的趋势，这一转折与2011年7月银监会发布的《中国银监会关于调整村镇银行组建核准有关事项的通知》密切相关。该政策调整进一步提高了金融机构通过设立村镇银行进入农村金融市场的门槛，因而陕西农村金融市场的开放度在2012年出现了下降。

第五章 陕西农村金融市场效率评价

本章将构建包括金融支农效率与机构运行效率两个层次的农村金融市场效率评价体系,对开放环境下的农村金融市场效率进行量化比较,以期能够对陕西农村金融市场开放以来农村金融市场效率状况作出评价。

5.1 效率评价指标选取及样本选择

5.1.1 评价体系与评价指标

对于金融支农效率的评价,实际上是衡量农村金融市场对农村经济的贡献程度,因此依据投入产出分析,投入指标的选择只考虑金融指标,产出指标的选择则只考虑经济指标。参考谷慎(2006)、吴华超和温涛(2008)、梁邦海和黄顺绪(2008)、周再清和吴俊杰(2009)、唐青生和周明怡(2009)、向琳和李季刚(2010)、吴跃和刘影(2012)以及张月飞和张伦(2012)在农村金融市场效率研究中投入产出指标的设置,遵循金融支农效率反映的是农村金融市场投入金融资源对农村市场经济产出的影响这一思路,考虑到数据的可得性,选取农户贷款余额、企业及各类组织贷款余额作为投入指标,选取农民人均纯收入与人均第一产业增加值作为产出指标(见表5-1)。对于农村金融机构的机构运行效率,参考 Qayyum 和 Ahmad(2006)、Bassem(2008)、Hassan 和 Sanchez(2009)、吴少新等(2009)、于转利和罗剑朝(2011)以及杨小丽和董晓林(2012)在小额贷款机构运营效率方面的研究,选取员工人数、可贷资金和营业费用作为投入指标,选取贷款总额和营业收入作为产出指标(见表5-2)。

表5-1　　　　　　金融支农效率投入产出指标说明

指标类别	指标名称	指标说明
产出指标(2个)	农民人均纯收入	农村居民家庭纯收入/家庭常住人口数
	人均第一产业增加值	第一产业增加值/农村常住人口数
投入指标(2个)	农户贷款余额	年末金融机构农户贷款余额
	企业及各类组织贷款余额	年末金融机构企业及各类组织贷款余额

表 5-2 机构运行效率投入产出指标说明

指标类别	指标名称	指标说明
产出指标（2个）	贷款总额	农村金融机构年度发放贷款总额
	营业收入	农村金融机构年度营业收入总额
投入指标（3个）	员工人数	农村金融机构当年在职员工数
	可贷资金	农村金融机构年度可使用信贷资金总额
	营业费用	农村金融机构年度营业费用总额

5.1.2 样本选择

本书的金融支农效率分析以县域农村金融市场为研究对象，对应上一章的开放度分析，本章选取了陕西省辖内岐山县、洛南县、安塞县、富平县、蒲城县、澄城县、合阳县、华县、大荔县、潼关县的农村金融市场进行研究。机构运行效率则是对小微农村金融机构（村镇银行、小额贷款公司）和传统农村金融机构（农村信用社）的运行状况进行分析，受数据可得性的限制，选取了岐山、洛南和安塞的村镇银行四家，富平、蒲城、澄城、合阳、华县、大荔和潼关的小额贷款公司十家，以及岐山、洛南、安塞、富平、蒲城、澄城、合阳、华县、大荔、潼关十县的农村信用社作为研究对象。金融支农效率相关数据时间跨度为2008—2012年，机构运行效率相关数据时间跨度为2010—2012年。其中，经济数据来自延安市、宝鸡市、渭南市、商洛市各年统计年鉴、各县统计局年度国民经济和社会发展统计公报；金融数据来自在人民银行宝鸡中心支行、延安中心支行、渭南中心支行、商洛中心支行、各县信用联社以及各村镇银行和小额贷款公司的实地调研。表5-3为陕西十县的农村金融市场金融支农情况描述性统计，表5-4为陕西县域农村金融市场金融支农效率指标相关矩阵，表5-5、表5-6和表5-7为机构运行状况描述性统计。

表 5-3 陕西十县农村金融市场2008—2012年金融支农情况描述性统计

	产出指标		投入指标	
	农民人均纯收入（元）	人均第一产业增加值（元）	农户贷款余额（万元）	企业及各类组织贷款余额（万元）
最大值	9 153	5 560	180 032	393 882
最小值	2 360	1 163	29 414	317

续表

	产出指标		投入指标	
	农民人均纯收入（元）	人均第一产业增加值（元）	农户贷款余额（万元）	企业及各类组织贷款余额（万元）
均值	4 771	3 162	86 223	74 955
标准差	1 589	1 138	40 033	81 510

表 5-4 陕西农村金融市场金融支农效率指标相关矩阵

	产出指标		投入指标	
	农民人均纯收入	人均第一产业增加值	农户贷款余额	企业及各类组织贷款余额
农民人均纯收入	1.00			
人均第一产业增加值	0.643 *** (0.000)	1.00		
农户贷款余额	0.489 *** (0.000)	0.556 *** (0.000)	1.00	
企业及各类组织贷款余额	0.222 (0.122)	0.143 (0.322)	0.269 * (0.059)	1.00

注：***、**、* 分别表示在 1%、5%、10% 的显著性水平下通过检验。

表 5-5 陕西四家村镇银行运行状况描述性统计

村镇银行	产出				投入					
	贷款总额（万元）		营业收入（万元）		员工人数（人）		可贷资金（万元）		营业费用（万元）	
年份	2010	2011	2010	2011	2010	2011	2010	2011	2010	2011
机构 A	9 724	16 032	723	522	36	34	19 312	17 961	319	180
机构 B	4 139	6 022	134	149	16	17	5 121	8 439	140	144
机构 C	4 380	5 156	77	296	15	15	2 065	256	235	118
机构 D	9 735	3 231	435	340	17	17	2 200	3 000	237	292

表5-6　　陕西十家小额贷款公司运行状况描述性统计

小额贷款公司	产出				投入					
	贷款总额（万元）		营业收入（万元）		员工人数（人）		可贷资金（万元）		营业费用（万元）	
年份	2011	2012上半年	2011	2012上半年	2011	2012上半年	2011	2012上半年	2011	2012上半年
机构1	2 860	2 960	312	236	17	17	3 000	3 000	242	92
机构2	2 585	2 839	113	95	8	9	3 000	3 000	113	64
机构3	3 022	1 876	365	271	13	13	3 000	3 000	123	81
机构4	2 989	3 174	137	167	8	8	3 000	3 000	58	31
机构5	3 265	3 081	303	203	7	7	3 265	3 081	69	2
机构6	5 000	7 600	540	340	15	8	8 000	8 200	459	289
机构7	3 863	6 558	258	219	8	7	4 000	6 500	97	94
机构8	2 980	2 110	295	203	9	9	3 000	3 000	159	34
机构9	10 566	10 887	951	890	11	12	54	117	336	196
机构10	2 986	3 036	237	119	4	4	3 000	5 000	218	81

表5-7　　陕西十县农村信用社运行状况描述性统计

农村信用社	产出				投入					
	贷款总额（万元）		营业收入（万元）		员工人数（人）		可贷资金（万元）		营业费用（万元）	
年份	2011	2012	2011	2012	2011	2012	2011	2012	2011	2012
机构QS	142 590	158 406	15 891	13 492	172	171	259 235	329 228	4 433	6 032
机构LN	164 290	185 176	14 936	12 215	271	271	266 526	311 267	5 649	7 213
机构AS	59 894	73 128	8 040	8 010	123	125	101 638	126 105	3 337	3 934
机构FP	188 860	207 376	14 627	9 601	330	328	270 357	340 274	5 143	6 651
机构PC	116 795	150 025	11 197	7 514	280	277	246 733	302 514	5 409	6 442
机构CC	139 252	156 496	14 019	9 483	298	295	238 467	303 221	4 481	6 061
机构HY	102 745	105 693	8 580	4 921	228	226	175 955	219 217	3 332	4 201
机构HX	145 748	156 977	9 121	5 134	225	225	197 761	230 933	3 190	4 100
机构DL	150 895	167 626	13 542	11 178	371	370	238 052	324 256	4 767	7 067
机构TG	100 310	106 905	6 437	5 832	119	119	129 146	151 582	2 124	3 454

5.2 效率评价方法

对于投入产出效率的测算与评价,生产前沿分析(The Production Frontier Analysis)是常用方法。生产前沿是指在一定技术水平下最大产出集所对应的各种投入的集合,通常用生产函数表示。根据生产函数的具体形式是已知或未知,生产前沿分析可分为参数法(Parametric Method)和非参数法(Non – parametric Method),前者的代表是随机前沿分析法(Stochastic Frontier Analysis,SFA),后者的代表则是数据包络分析法(Data Envelope Analysis,DEA)。尽管随机前沿分析法(SFA)最大的优点就是考虑到了随机因素在实际产出上的影响从而使得评估结果不受异常点的影响(Caves 等,1982),但是具体的生产函数和投入产出指标分布情况的不易获得往往给其使用带来不便。与随机前沿分析法(SFA)相比,数据包络分析法(DEA)最大的优点就是它能够跳过具体的生产函数并且覆盖指标间的隐性关系;其次,它可以在不需要判断投入产出指标权重的前提下处理多投入多产出的生产单元;再次,比较实际效率和目标效率,可以得到无效生产单元与有效生产单元的差距。当然,DEA 的一个最主要的缺陷是投入产出指标的数量会影响其结果,随着投入产出指标数量的增加,所有生产单元的效率值将趋近于 1 从而难以区分每一个生产单元的效率。对于这一点,Golany 和 Roll(1989)建议投入产出指标的总数量不应该超过样本生产单元数量的 1/2;Banker 等(1989)则建议投入产出指标的总数量不应该超过样本生产单元数量的 1/3。然而,Cook 等(2014)认为 DEA 方法不是回归模型,只是一个基于线性规划的基准评价工具,因此对投入产出指标数作出严格限制是无意义的。作为一种估计生产边界的非参数方法,在 Sherman 和 Gold(1985)第一次将 DEA 用于银行业效率分析之后,该方法被广泛应用于金融领域(Chortareas 等,2012;Giokas,2008;Holod 和 Lewis,2011;Staub 等,2010;Toci 和 Hashi,2013)。因此,本章选用 DEA 方法来对农村金融市场金融支农效率和机构运行效率进行评价,通过衡量投入产出的对比是否处于生产前沿面来判断生产单元是否有效率。一个有效生产单元意味着可以提高产出而不需要增加投入,或者在减少投入后不会拉低产出。

5.2.1 DEA 与超效率 DEA

数据包络分析（Data Envelope Analysis，DEA）作为一种线性规划方法首次被提出并用于生产单元效率评价是在 1978 年（Charnes 等，1978），它通过把一个决策单元与其他被认为有效的决策单元相比来确定该决策单元是否有效率，因而 EDA 模型衡量的是相对效率。DEA 模型最基本的特征是利用线性规划方法构建一个非参数的包络前沿，使得所有决策单元在生产前沿上或低于生产前沿（Rao 等，2005）。因而对于给定的决策单元（DMU），处于生产前沿面上的被认为是 DEA 有效，不在生产前沿面上的则意味着 DEA 无效（Halkos 和 Salamouris，2004）。因此，DEA 模型中所得效率值即为各决策单元投入与产出的线性组合比值。

设有 n 个决策单元（DMU），每个决策单元 $DMU_j (j = 1, 2, \cdots, n)$ 有 m 个投入与 s 个产出。假设 X_j，Y_j 是 DMU_j 的投入与产出，并且 $X_j = (x_{1j}, x_{2j}, \cdots, x_{mj})^T$，$Y_j = (y_{1j}, y_{2j}, \cdots, y_{sj})^T$，则决策单元 DMU_j 的投入产出效率为

$$K_j = u^T Y_j / v^T X_j, j = 1, 2, \cdots, n \tag{5-1}$$

式中：u^T 和 v^T 分别是产出和投入的权重向量。从而为了得到最优权重向量以便达到最大投入产出效率 K_j，并且考虑到所有效率指数必须小于或等于 1，则有如下数学规划问题

$$\text{Max} \quad u^T Y_j v^T X_j$$
$$s.t. \quad u^T Y_j / v^T X_j \leq 1, u \geq 0, v \geq 0 \quad j = 1, 2, \cdots, n \tag{5-2}$$

将该数学规划问题转换成线性规划问题形式，则评价决策单元 DMU_j 的相对效率的 CCR 模型为

$$\text{Min} \theta_0$$
$$s.t. \quad \sum_{j=1}^{n} \lambda_j X_j - \theta_0 X_{j0} \leq 0$$
$$\sum_{j=1}^{n} \lambda_j Y_j \geq Y_{j0} \tag{5-3}$$
$$\lambda_j \geq 0, j = 1, 2, \cdots, n$$

式中：θ_0 是决策单元 DMU_{j0} 的投入产出效率得分；X_{j0} 是 DMU_{j0} 的投入向量；Y_{j0} 是 DMU_{j0} 的产出向量；λ_j 是 DMU_{j0} 的权重。如果 $\theta_0 < 1$，决策单元 DMU_{j0} 为 DEA 无效；如果 $\theta_0 = 1$，决策单元 DMU_{j0} 为 DEA 有效。在 Charnes

等（1978）提出了以上基于规模报酬不变的用于测量决策单元整体投入产出效率的 CCR 模型后，Banker 等（1984）放宽了规模报酬假定的限制，提出了适用于规模报酬可变条件的 BCC 模型，可测量投入产出技术效率和规模效率。BCC 模型定义如下

$$\text{Min}\theta$$

$$s.t. \quad \sum_{j=1}^{n} \lambda_j X_j - \theta_0 X_{j0} \leq 0$$

$$\sum_{j=1}^{n} \lambda_j Y_j \geq Y_{j0} \quad (5-4)$$

$$\sum_{j=1}^{n} \lambda_j = 1$$

$$\lambda_j \geq 0, j = 1, 2, \cdots, n$$

可见 BCC 模型只是在 CCR 模型的基础上增加了一个凸性假设 $\sum_{j=1}^{n} \lambda_i = 1$。然而不论是 BCC 模型还是 CCR 模型，都仅仅将样本决策单元简单地分为有效（$\theta_0 = 1$）和无效（$\theta_0 < 1$）两类，对于那些正好处于帕累托最优边界（$\theta_0 = 1$）即同时 DEA 有效的决策单元是无法做出进一步评价的。鉴于此，Andersen 和 Petersen（1993）提出了一种 DEA 的扩展模型——超效率 DEA 模型，该模型通过在评估有效决策单元时将该有效决策单元自身排除在集合之外来实现对所有有效决策单元的排序。对于有效决策单元，其投入按比例增加却能够保持效率不变，投入增加比例即为超效率值。因此，基于 CCR 模型的超效率 DEA 模型定义如下

$$\text{Min}\theta_0$$

$$s.t. \quad \sum_{j=1, j \neq 0}^{n} \lambda_j X_j - \theta_0 X_{j0} \leq 0$$

$$\sum_{j=1, j \neq 0}^{n} \lambda_j Y_j \geq Y_{j0} \quad (5-5)$$

$$\lambda_j \geq 0, j = 1, 2, \cdots, n, j \neq 0$$

5.2.2　Malmquist – TFP 指数

基于 Farrell（1957）对效率的测量和 Caves 等（1982）对生产力的测量，Färe 等（1992）发展了一种基于投入的、用来测量决策单元 DMU_i 生产效率变化的指数——Malmquist – TFP 指数。在时期 $t+1$ 与时期 t，若

$D(\cdot)$ 是 Caves 等（1982）定义的距离函数，则 Malmquist – TFP 指数为

$$M_1^{t+1}(y^{t+1},x^{t+1},y^t,x^t) = \left[\frac{D_i^t(y^{t+1},x^{t+1})}{D_i^t(y^t,x^t)}\frac{D_1^{t+1}(y^{t+1},x^{t+1})}{D_i^{t+1}(y^t,x^t)}\right]^{1/2} \quad (5-6)$$

Färe 等（1992）进一步定义若 $M_i^{t+1} > 1$ 则代表生产效率的提高，若 $M_i^{t+1} < 1$ 则代表生产效率的下降，若 $M_i^{t+1} = 1$ 则表明从时期 t 到 $t+1$ 生产效率保持不变。随后又将投入主导型 Malmquist – TFP 指数分解为两部分

$$M_1^{t+1}(y^{t+1},x^{t+1},y^t,x^t) = \frac{D_i^{t+1}(y^{t+1},x^{t+1})}{D_i^t(y^t,x^t)}\left[\frac{D_i^t(y^{t+1},x^{t+1})}{D_i^{t+1}(y^{t+1},x^{t+1})}\frac{D_i^t(y^t,x^t)}{D_i^{t+1}(y^t,x^t)}\right]^{1/2}$$

$$(5-7)$$

式中：$\frac{D_i^{t+1}(y^{t+1},x^{t+1})}{D_i^t(y^t,x^t)}$ 被定义为技术效率变化指数（effch），用于衡量决策单元 DMU_i 对理想生产边界的追赶程度；$\left[\frac{D_i^t(y^{t+1},x^{t+1})}{D_i^{t+1}(y^{t+1},x^{t+1})}\frac{D_i^t(y^t,x^t)}{D_i^{t+1}(y^t,x^t)}\right]^{1/2}$ 则被定义为技术变化指数（techch）用于衡量理想生产边界从时期 t 到时期 $t+1$ 的移动程度。

如果技术效率变化指数（effch）大于 1，则表示决策元 DMU_i 与理想 DUM 的差距从时期 t 到时期 $t+1$ 在缩小；相反，则表示差距在拉大。如果技术变化指数（techch）大于 1，则表示决策单元技术在进步；反之，则表示技术退步（Färe 等，1992）。不同于基础的 CCR 模型和 BCC 模型只能比较不同决策单元在相同时期的效率，Malmquist – TFP 指数能够衡量效率随时间变化的情况，并可将其分解为技术效率变化和技术变化来进一步分析（Wheelock 和 Wilson，1999）。因此，结合基本的 DEA 模型，Malmquist – TFP 指数被广泛运用于银行机构或整个银行业的效率分析（Farrell，1957；Ke 和 Feng，2008；Park 和 Weber，2006；Sturm 和 Williams，2004）。

5.3 基于超效率 DEA 的陕西农村金融市场效率评价及结果

本章将通过超效率 DEA 模型与 Malmquist – TFP 指数对 2008—2012 年陕西十县农村金融市场的金融支农效率和农村金融机构的机构运行效率进行评价比较。首先采用基于规模报酬不变的超效率 DEA 模型分别得到金融支农效率和机构运行效率，随后利用 Malmquist – TFP 指数在 DEA 方法的

基础上进一步衡量效率的变化情况。其中，超效率 DEA 的运算过程借助 EMS1.3 软件，Malmquist – TFP 指数及其相关分解指数的运算过程则借助 DEAP2.1 软件，后文将直接给出结果。

鉴于此，对于金融支农效率水平的评判，当其大于或等于 1 时，我们认为该县域的支农效率水平远高于其他县域；当其处于 1 和 0.8（含）之间时，支农效率水平非常接近效率前沿面；当其处于 0.8 和 0.6（含）之间时，支农效率水平较为接近效率前沿面；当其小于 0.6 时，支农效率水平远离效率前沿面。对于机构运行效率水平的评判，当其大于或等于 1 时，我们认为该机构的运行效率远高于其他机构；当其处于 1 和 0.8（含）之间时，运行效率非常接近效率前沿面；当其处于 0.8 和 0.6（含）之间时，运行效率较为接近效率前沿面；当其小于 0.6 时，则运行效率远离效率前沿面。

5.3.1 农村金融市场支农效率分析

本节是对陕西农村金融市场金融支农效率的分析，首先通过 EMS1.3 软件得到县域农村金融市场 2008—2012 年的金融支农超效率值，并对样本区域各农村金融市场的金融支农超效率五年平均值进行了计算（见表 5 – 8），并利用 EXCEL 软件作出雷达图（见图 5 – 1 和图 5 – 2）。随后为了比较不同类型的小微农村金融机构引入区的金融支农效率差异，将以上 10 个农村金融市场按照引入的小微农村金融机构类别分为村镇银行引入区和小额贷款公司引入区，并在表 5 – 8 的测算基础上得到了两类区域金融支农超

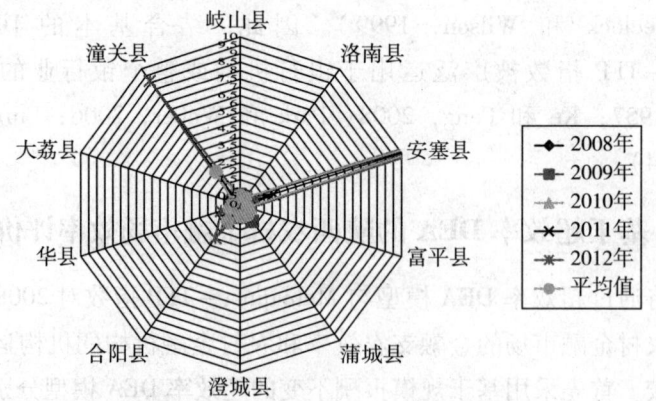

图 5 – 1　陕西农村金融市场 2008—2012 年金融支农效率雷达图 A

效率的五年平均值（见表 5-9 和图 5-3）。其中，在 2008—2012 年村镇银行引入区包括岐山、洛南、安塞和富平，小额贷款公司引入区包括蒲城、澄城、合阳、华县、大荔和潼关。最后，基于样本区域的面板数据，利用 DEAP 2.1 软件得到农村金融市场的生产效率变化率指数（tfpch），并将其分解为技术效率变化指数（effch）和技术变化指数（techch），又将技术效率变化指数（effch）分解为纯技术效率变化指数（pech）和规模效率变化指数（sech），结果见表 5-10 和表 5-11。

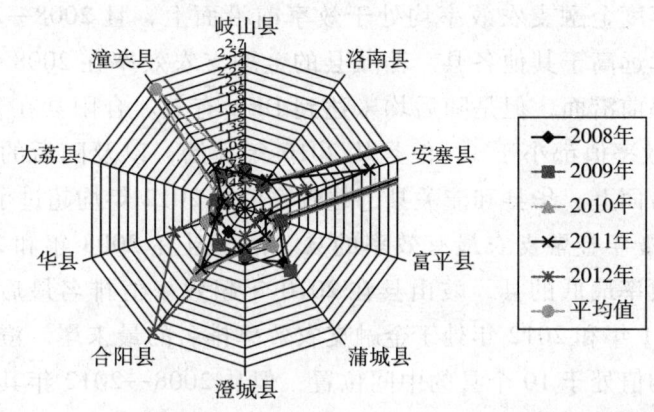

图 5-2　陕西农村金融市场 2008—2012 年金融支农效率雷达图 B

表 5-8　陕西十县 2008—2012 年各农村金融市场金融支农超效率值

年份	2008	2009	2010	2011	2012	平均值
岐山县	0.6377	0.6139	0.5307	0.5744	0.4575	0.5628
洛南县	0.4491	0.4782	0.5390	0.5791	0.5927	0.5276
安塞县	15.6934	45.0484	45.7644	2.0811	1.0189	21.9212
富平县	0.5620	0.5952	0.6314	0.3429	0.2519	0.4767
蒲城县	1.0508	1.2221	0.6309	0.5358	0.2651	0.7409
澄城县	0.8040	0.7404	0.6749	0.6284	0.4349	0.6565
合阳县	0.4508	0.7087	1.3120	1.1840	2.4738	1.2259
华县	0.4699	0.4929	0.6103	0.4876	1.1801	0.6428
大荔县	0.4772	0.4849	0.5448	0.3664	0.2676	0.4282
潼关县	0.6633	0.6505	0.7594	0.8220	9.1220	2.4034

注：结果由 EMS1.3 软件给出。

从表5-8和图5-1、图5-2可以看出，2008年和2009年金融支农有效率的县有两个，均为安塞县和蒲城县；在2010年和2011年，金融支农有效率的两个县为安塞县和合阳县；2012年金融支农有效率的县达到了四个，分别为潼关县、合阳县、华县、安塞县。从金融支农超效率五年平均值看，安塞县的超效率平均值最高，达到21.9212；其后依次是潼关县和合阳县，分别为2.4034和1.2259；其余七县的超效率平均值均小于1，最低的是大荔县，其五年平均值为0.4282。具体来说，安塞县各年度金融支农效率均处于效率前沿面上，且2008—2010年的支农效率远远高于其他各县。蒲城县的金融支农效率在2008年和2009年处于效率前沿面，但是随后均未达到DEA有效。合阳县在2008年和2009年超效率值都小于1，但是从2010年开始，以及随后的两年均处于效率前沿面上。华县和潼关县的超效率值在2012年均超过了1，潼关县成为2012年金融支农最有效率的县。洛南县在2008年和2009年是金融支农效率最低的县，岐山县在2010年超效率值排名最后，富平县则是在2011年和2012年处于金融支农效率排名的最末尾。澄城县的五年超效率均值处于10个县的中间位置，但从2008—2012年其金融支农效率排名在逐渐下滑。大荔县的金融支农效率水平较低，在10个县中排名靠后。

综上所述，从2008—2012年的五年，除安塞县各年金融支农超效率值均大于1外，其他县域各年度金融支农效率水平差异较大。当然，DEA超效率反映的是金融支农的相对水平，超效率值大于1仅说明与其他区域相比该区域的农村金融市场在金融支农上是相对有效率的，并不意味着效率水平已经达到了最优；同样，超效率值小于1也只能说明金融支农效率相对水平较低。

表5-9　　　　　陕西十县2008—2012年农村金融市场金融支农超效率区域均值

开放区域类型 \ 年份	2008	2009	2010	2011	2012
小微农村金融机构引入区域	2.1258	5.1035	5.1998	0.7602	1.6065
村镇银行引入区域（四县）	16.7802	46.1405	46.8341	3.2346	2.0691
小额贷款公司引入区域（六县）	4.4780	4.8947	5.1637	4.3671	13.9954

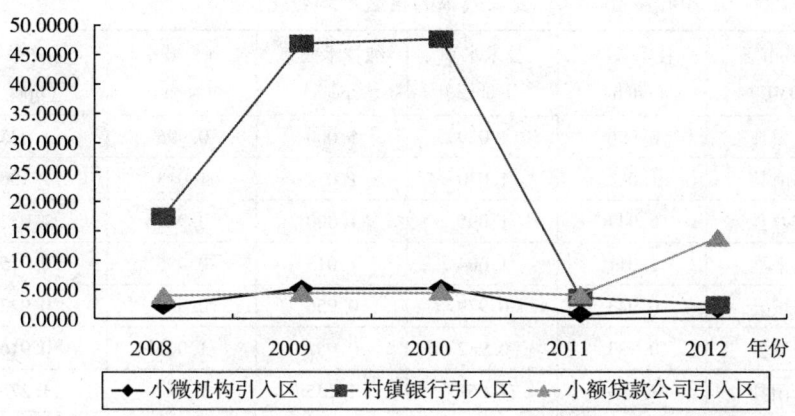

图 5-3　陕西农村金融市场 2008—2012 年金融支农效率区域均值趋势图

从表 5-9 和图 5-3 可以看出，从 2008—2012 年，陕西小微农村金融机构引入区农村金融市场的金融支农效率平均水平呈现"增长—增长—下降—增长"的波动性趋势，除 2011 年外，其余年份金融支农效率平均水平都处于效率前沿面上。从 2008—2012 年，村镇银行引入区金融支农效率各年平均水平远高于整个小微农村金融机构引入区各年的平均水平；小额贷款公司引入区金融支农效率的平均水平在 2008 年略高于整个小微农村金融机构引入区的平均水平，其后在 2009 年和 2010 年分别为整个小微农村金融机构引入区平均水平的 95.91% 和 99.31%，在 2011 年虽然是五年的最低水平但却高于整个小微农村金融机构引入区同年度的平均水平，2012 年达到了五年最高水平且高于整个小微农村金融机构引入区同年度平均水平。整体来看，2011 年陕西农村金融市场金融支农效率出现了一个下降的拐点，与上一年相比，村镇银行引入区的平均水平下降了 93.09%，小额贷款公司引入区的平均水平下降了 15.43%，导致整个小微农村金融机构引入区的平均水平被拉低了 85.38%。与前一年相比，在 2012 年除了村镇银行引入区的金融支农效率平均水平继续下降了 36.03% 以外，整个小微农村金融机构引入区的平均水平提高了 111.33%，小额贷款公司引入区的金融支农效率平均水平则提高了 220.47%。

表 5 – 10　　　陕西十县 2008—2012 年农村金融市场金融
支农效率的县域平均变化

县域市场(DMU)	技术效率(effch)	技术水平(techch)	纯技术效率(pech)	规模效率(sech)	生产效率(tfpch)
岐山县	0.996	1.029	1.000	0.996	1.025
洛南县	1.068	1.030	1.054	1.013	1.100
安塞县	0.947	1.095	1.000	0.947	1.037
富平县	1.011	1.004	1.015	0.996	0.015
蒲城县	0.943	0.979	0.956	0.987	0.923
澄城县	0.933	0.982	0.932	1.001	0.916
合阳县	1.199	1.059	1.135	1.057	1.270
华县	1.072	1.065	1.065	1.007	1.142
大荔县	1.002	0.950	1.000	1.002	0.951
潼关县	1.000	0.883	1.000	1.000	0.883

注：结果由 DEAP 2.1 软件给出，平均变化为样本几何平均值。

表 5 – 11　　　陕西十县 2008—2012 年农村金融市场金融支农
效率的年度平均变化

年度变化	技术效率(effch)	技术水平(techch)	纯技术效率(pech)	规模效率(sech)	生产效率(tfpch)
2009/2008	1.052	0.997	1.023	1.028	1.048
2010/2009	0.996	0.945	1.026	0.971	0.941
2011/2010	1.061	0.892	1.049	1.012	0.947
2012/2011	0.953	1.219	0.961	0.991	1.161

注：结果由 DEAP 2.1 软件给出，平均变化为样本几何平均值。

从表 5 – 10 可以看出，洛南县、富平县、合阳县、华县和大荔县的技术效率变化指数（effch）大于 1，说明金融支农效率水平在五年间是不断提高的；潼关县的技术效率变化指数（effch）为 1，说明其金融支农效率水平保持不变；岐山县、安塞县、蒲城县、澄城县的技术效率变化指数（effch）小于 1，说明其金融支农效率水平在五年间有所下降。在纯技术效率变化（pech）方面，洛南县、富平县、合阳县和华县的纯技术效率指数大于 1，岐山县、安塞县、大荔县和潼关县的纯技术效率指数等于 1，只有蒲城县和澄城县的纯技术效率指数小于 1。在规模效率变化（sech）方面，洛南县、澄城县、合阳县、华县和大荔县的规模效率变化指数大于1，表明其平均规模效率水平有所提高；岐山县、安塞县、富平县和蒲城县的规模效率变化指数小于1，表明其平均规模效率水平下降；潼关县的规模效率变化指数等于1，说明其规模效率保持了现有的有效水平。在技术水平变化（techch）方面，只有蒲城县、澄城县、大荔县和潼关县的技术变化指数小于1，说明除此4个县以外的其他6个县的农村金融市场出现了技术进步。至于各个农村金融市场生产效率的变化，生产效率变化指数（tfpch）在岐山县、洛南县、安塞县、合阳县和华县均大于1，在富平县、蒲城县、澄城县、大荔县和潼关县均小于1。

由表5-11可知，陕西农村金融市场生产效率变化指数（tfpch），从2008年到2009年提高了4.8%，是技术效率提高和技术退步的共同结果；从2009年到2010年降低了5.9%，是技术效率和技术水平下降的共同结果；从2010年到2011年降低了5.3%，是技术效率提高和技术退步的共同结果；从2011年到2012年提高了16.1%，是技术效率和技术水平提高的共同结果。进一步来说，技术效率变化指数（effch）从2008年到2009年提高了5.2%，从2009年到2010年下降了0.4%，从2010年到2011年提高了6.1%，从2011年到2012年下降了4.7%。纯技术效率变化指数（pech）从2008年到2009年提高了2.3%，从2009年到2010年提高了2.6%，从2010年到2011年提高了4.9%，从2011年到2012年下降了3.9%。规模效率变化指数（sech）从2008年到2009年提高了2.8%，从2009年到2010年下降了2.9%，从2010年到2011年提高了1.2%，从2011年到2012年下降了0.9%。因此，从2008年到2009年和从2010年到2011年的两个时期，金融支农效率的提升归功于纯技术效率和规模效率的同期增长；从2009年到2010年，规模效率下降带来的影响抵消了纯技术效率的增长作用，从而导致了金融支农效率的下降；从2011年到2012年，金融支农效率的下降则是纯技术效率和规模效率同期下降的结果。

5.3.2 农村金融机构运行效率分析

本节是对陕西农村金融市场小微农村金融机构和农村信用社机构运行效率的分析，首先通过EMS1.3软件得到了14家小微农村金融机构和十县农村信用社在2011年的机构运行效率情况（见表5-12和表5-14）。然后分别通过 DEAP 2.1 软件对四家村镇银行从 2010 年至 2011 年的运行效率变化（见表 5-13），十家小额贷款公司从 2011 年至 2012 上半年的运行效率变化（见表 5-13），以及十个县的农村信用社从 2011 年至 2012 年的运行效率变化（见表 5-15）进行了测算；并将生产效率变化指数（tfpch）分解为技术效率变化指数（effch）和技术变化指数（techch），又将技术效率变化指数（effch）分解为纯技术效率变化指数（pech）和规模效率变化指数（sech）。

5.3.2.1 小微农村金融机构运行效率分析

从表 5-12 可以看出，在 2011 年 14 家小微农村金融机构运行效率排名依次为机构 9、机构 A、机构 5、机构 C、机构 7、机构 3、机构 4、机构 10、机构 B、机构 8、机构 2、机构 6、机构 1、机构 D。其中，机构 9、机构 A、机构 5 和机构 C 的超效率值大于 1，说明此两家村镇银行和两家小额贷款公司均为 DEA 有效，运行状况优于其他非 DEA 有效的小微农村金融机构。在非 DEA 有效单元中，机构 7、机构 3 和机构 4 的超效率值在 0.8 以上，较为接近效率前沿；机构 6、机构 1 和机构 D 的超效率值低于 0.5，效率水平较低。

表 5-12　陕西 14 家小微农村金融机构运行超效率值（2011 年）

小微农村金融机构类别	样本机构	所在县域	超效率值	排名
村镇银行	机构 A	岐山县	1.7404	2
	机构 B	安塞县	0.6647	9
	机构 C	安塞县	1.3416	4
	机构 D	洛南县	0.3674	14
小额贷款公司	机构 1	澄城县	0.3980	13
	机构 2	澄城县	0.5032	11
	机构 3	华县	0.8170	6
	机构 4	华县	0.8099	7
	机构 5	大荔县	1.4941	3
	机构 6	大荔县	0.4164	12
	机构 7	富平县	0.8344	5
	机构 8	蒲城县	0.5501	10
	机构 9	潼关县	15.2403	1
	机构 10	合阳县	0.7770	8
	小微农村金融机构超效率均值		1.8539	
	小微农村金融机构超效率方差		13.9499	

注：结果由 EMS1.3 软件给出。

由表 5-13 可以看出，虽然从 2010 年至 2011 年村镇银行的平均技术水平出现了退步，但是机构平均技术效率的提高促进了四家村镇银行平均生产效率的提高，而平均技术效率的提高则来自纯技术效率和规模效率的共同提高。在生产效率变化（tfpch）方面，除机构 D 以外的其他三家村镇银行的生产效率都得到了提升，其中，机构 A 和机构 C 生产效率的提升归功于技术效率和技术水平的共同进步，机构 B 生产效率的提升则是在技术退步前提下技术效率提高的结果。在技术效率变化（effch）方面，机构 A 和机构 B 的技术效率变化指数大于 1，是纯技术效率和规模效率共同提高的结果；机构 C 和机构 D 的技术效率变化指数则等于 1，是因为其技术效率和规模效率都保持了有效水平。从 2011 年至 2012 年上半年，十家小额贷款公司平均生产效率的提高归因于平均技术水平的进步和平均技术效率的提高，而平均技术效率的提高则是纯技术效率提高和规模技术效率下降共同作用的结果。在生产效率变化指数（tfpch）上，除机构 3、机构 4 和机构 9 以外的其他 7 家小额贷款公司的生产效率都得到了提升，机构 3 和机构 4 生产效率变化指数小于 1 是技术效率下降和技术进步共同的结果，机构 9 生产效率变化指数小于 1 则是技术效率保持不变但技术水平下降的共同结果。在技术效率变化（effch）方面，机构 2、机构 9 和机构 10 技术效率保持不变，机构 3 和机构 4 技术效率下降，其他五家小额贷款公司的技术效率都得到了提升。在规模效率变化（sech）方面，机构 1、机构 6、机构 7 和机构 8 的规模效率指数大于 1，机构 3、机构 4 和机构 5 的规模效率指数小于 1，其他三家小额贷款公司规模效率水平保持不变。此外，纯技术效率变化指数（pech）在全部十家小额贷款公司都大于或者等于 1。

表 5-13　　陕西 14 家小微农村金融机构运行效率变化情况

	样本机构	技术效率（effch）	技术水平（techch）	纯技术效率（pech）	规模效率（sech）	生产效率（tfpch）
村镇银行 2011 年/2010 年	机构 A	1.840	1.003	1.664	1.106	1.845
	机构 B	1.300	0.825	1.067	1.219	1.072
	机构 C	1.000	1.430	1.000	1.000	1.430
	机构 D	1.000	0.823	1.000	1.000	0.823
	平均变化	1.244	0.993	1.078	1.078	1.235

续表

样本机构		技术效率(effch)	技术水平(techch)	纯技术效率(pech)	规模效率(sech)	生产效率(tfpch)
小额贷款公司2012年上半年/2011年	机构1	1.092	0.138	1.046	1.044	1.243
	机构2	1.000	1.265	1.000	1.000	1.265
	机构3	0.764	1.097	1.059	0.722	0.838
	机构4	0.873	1.104	1.000	0.873	0.964
	机构5	1.044	1.166	1.185	0.881	1.217
	机构6	1.620	1.461	1.498	1.082	2.367
	机构7	1.050	1.477	1.000	1.050	1.551
	机构8	1.254	0.902	1.096	1.144	1.131
	机构9	1.000	0.712	1.000	1.000	0.712
	机构10	1.000	1.201	1.000	1.000	1.201
	平均变化	1.049	1.030	1.080	0.972	1.186

注：结果由 DEAP 2.1 软件给出，平均变化为样本几何平均值。

5.3.2.2 农村信用社机构运行效率分析

从表 5-14 可以看出，在 2011 年 10 个县的农村信用社机构运行效率排名依次为机构 QS、机构 AS、机构 TG、机构 FP、机构 HX、机构 CC、机构 DL、机构 LN、机构 HY、机构 PC。其中，机构 QS、机构 AS、机构 TG 的超效率值大于 1，说明此 3 个县的农村信用社均为 DEA 有效，运行状况优于其他非 DEA 有效的小微农村金融机构；在非 DEA 有效单元中，机构 FP、机构 HX、机构 CC、机构 DL、机构 LN、机构 HY 的超效率值在 0.8 以上，较为接近效率前沿。

表 5-14　陕西十县农村信用社机构运行超效率（2011 年）

样本机构	所在县域	超效率值	排名
机构 QS	岐山县	1.4686	1
机构 LN	洛南县	0.9213	8
机构 AS	安塞县	1.2905	2
机构 FP	富平县	0.9707	4
机构 PC	蒲城县	0.7258	10
机构 CC	澄城县	0.9660	6

续表

样本机构	所在县域	超效率值	排名
机构 HY	合阳县	0.8519	9
机构 HX	华县	0.9674	5
机构 DL	大荔县	0.9545	7
机构 TG	潼关县	1.1954	3
农村信用社超效率均值		1.0312	
农村信用社超效率方差		0.0411	

注：结果由 EMS1.3 软件给出。

由表 5-15 可以看出，从 2011 年至 2012 年，样本县域的农村信用社平均生产效率的提高归因于平均技术水平的进步和平均技术效率的提高，而平均技术效率的提高则是纯技术效率提高和规模技术效率下降共同作用的结果。在生产效率变化指数（tfpch）上，除机构 AS、机构 DL 和机构 TG 以外的其他 7 个县农村信用社的生产效率都得到了提升，机构 AS 和机构 TG 生产效率变化指数小于 1 是受到技术水平下降拖累的结果，机构 DL 生产效率变化指数小于 1 则是技术效率下降的结果。在技术效率变化（effch）方面，机构 FP、机构 CC、机构 DL 技术效率下降，机构 HX、机构 TG 技术效率保持不变，其余 7 个县农村信用社的技术效率都得到了提升。在规模效率变化（sech）方面，机构 FP、机构 CC、机构 HY、机构 DL 规模效率指数小于 1，机构 HX 和机构 TG 规模效率保持不变，其他 4 个县农村信用社的规模效率指数大于 1。此外，纯技术效率变化指数（pech）在全部 10 个县的农村信用社都大于或者等于 1。

表 5-15　　　陕西十县农村信用社机构运行效率变化情况（2012 年/2011 年）

样本机构	所在县域	技术效率（effch）	技术水平（techch）	纯技术效率（pech）	规模效率（sech）	生产效率（tfpch）
机构 QS	岐山县	1.017	1.088	1.000	1.017	1.107
机构 LN	洛南县	1.063	1.016	1.042	1.020	1.080
机构 AS	安塞县	1.084	0.908	1.000	1.084	0.984
机构 FP	富平县	0.983	1.178	1.000	0.983	1.158
机构 PC	蒲城县	1.136	1.280	1.128	1.006	1.454

续表

样本机构	所在县域	技术效率(effch)	技术水平(techch)	纯技术效率(pech)	规模效率(sech)	生产效率(tfpch)
机构 CC	澄城县	0.989	1.123	1.022	0.968	1.111
机构 HY	合阳县	1.141	1.197	1.260	0.905	1.365
机构 HX	华县	1.000	1.353	1.000	1.000	1.353
机构 DL	大荔县	0.906	1.073	1.000	0.906	0.973
机构 TG	潼关县	1.000	0.999	1.000	1.000	0.999
平均变化		1.030	1.114	1.042	0.988	1.147

注：结果由 DEAP 2.1 软件给出，平均变化为样本几何平均值。

5.4 本章小结

本章通过建立农村金融市场投入产出效率指标体系，在超效率 DEA 模型与 Malmquist–TFP 指数的基础上，从金融支农效率和机构运行效率两个层次，对农村金融市场开放以来的陕西农村金融市场效率水平进行了评价，可以得到以下结论：

在金融支农效率方面，从总体来看，陕西农村金融市场金融支农效率平均水平参差不齐；从区域来看，村镇银行引入区的金融支农效率平均水平远高于整个小微农村金融机构引入区的平均水平，而小额贷款公司引入区的金融支农效率则与整个小微农村金融机构引入区的平均水平和波动趋势接近；从效率变化来看，从 2008 年至 2012 年的五年，60.00% 的样本县域农村金融市场的金融支农效率得到了提高。金融支农效率水平在陕西县域农村金融市场出现的差异，与县域农村金融市场发育程度有不可忽视的关系，例如安塞县通过石油、天然气等资源开发实现了经济快速增长，农村金融市场发展程度较高，从而金融支农效率在五年间均能实现 DEA 有效；洛南县受地形、资源等条件限制，经济基础薄弱，农村金融发展水平较低，从而金融支农效率难以实现 DEA 有效。此外，村镇银行引入区与小额贷款公司引入区的金融支农效率水平之所以存在较大差异，与两类机构的性质相关，村镇银行作为银行类金融机构，在吸收存款的基础上通过派生贷款，使得支农实力不断提升；而小额贷款公司作为只贷不存的股份制企业，仅仅依靠自有资金、捐赠资金或单一来源的批发资金进行信贷业务，支农能力的提升非常有限。

在机构运行效率方面，2011年陕西农村金融市场的开放度达到了五年的峰值，本年度样本小微农村金融机构中仅有28.58%处于效率前沿面上，并且机构个体运行效率水平差异较大，方差达到了13.94；样本农村信用社中虽然也只有30.00%处于效率前沿面上，但机构个体运行效率水平差异较小（方差为0.04）。在效率的变化上，全部四家村镇银行的机构运行效率从2010年至2011年均未出现下降，小额贷款公司有八家的机构运行效率从2011年至2012年上半年未出现下降，农村信用社有七家的机构运行效率从2011年至2012年并未出现下降。小微农村金融机构作为农村金融市场增量改革的主体，目前仍处于初步发展阶段，市场竞争力相当有限；来自政府或监管层的政策扶持，使其在市场竞争中得到了一些发展机会，从而其运行效率并未出现明显下降。相比较而言，农村信用社作为农村金融市场存量改革的主体，在长期从事农村金融服务的活动中积累了稳定的客户资源、雄厚的资金实力、遍布城乡的机构网点以及具备地缘优势的员工群体都使得农村信用社极具市场竞争优势；自开放以来，农村信用社更是抓住政策机会，通过调整产权结构、完善公司法人治理、开发新型信贷产品等多种手段来提高其运行效率。因此，农村信用社在机构运行效率的表现上优于小微农村金融机构。

第六章 陕西农村金融市场开放对效率影响机制实证分析

本书在第四章对陕西农村金融市场的开放度进行了综合评价,并分别从市场结构、市场规模和市场深度三个方面进行了单独评价;在第五章测算了陕西农村金融市场的金融支农效率和机构运行效率,并对开放以来的农村金融市场效率作出了评价。因此,本章将在前文的基础上,深入分析陕西农村金融市场开放对农村金融市场效率的影响机制。

6.1 陕西农村金融市场开放对农村金融市场效率影响机制描述

自2005年底人民银行在五省(区)推出面向"三农"的商业化小额贷款公司试点项目,以及2006年底银监会调整和放宽农村地区银行业金融机构准入政策并在六省(区)试点开放农村金融市场以来,我国农村金融市场的开放已经进入实质性发展阶段。农村金融市场开放政策所带来的市场结构、规模和深度的变化,将通过金融支农效率和机构运行效率对农村金融市场效率产生影响(见图6-1)。

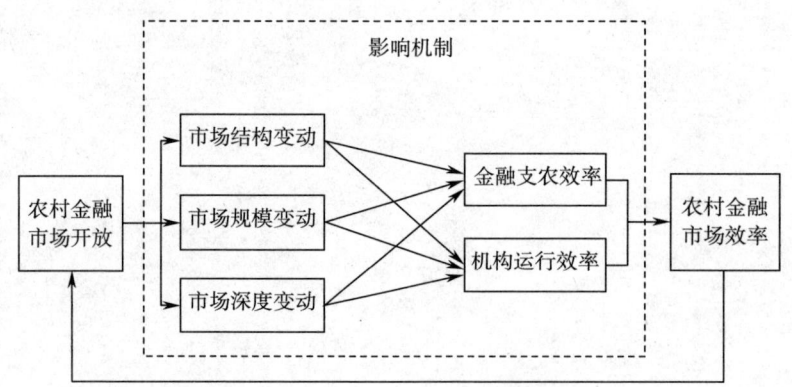

图6-1 农村金融市场开放对农村金融市场效率的影响机制

在农村金融市场开放对效率的影响机制中,开放政策最主要的表现是降低了农村金融市场的准入门槛,大型金融机构可以通过发起设立村镇银行等新型农村金融机构进入农村金融市场,各类民间资本也可以通过商业化的小额贷款公司进入农村金融市场,从而使农村金融市场的供给主体增加,原有的市场结构、市场规模、市场深度发生了改变。各类市场供给主体将通过信贷产品定价、信贷投入量、产品差异化等方式相互竞争和合作,以达到新的均衡格局。一方面,这些竞争与合作手段将直接或间接地作用于市场需求主体,影响其从农村金融市场获得的金融产品与服务的便利程度和规模,金融资源的可获得程度又会影响到金融需求方在农村市场的生产水平,变动结果体现出了农村金融对农村经济的贡献程度,即金融支农效率;另一方面,面对开放带来的竞争加剧,新进入农村金融市场的金融机构需要建立良好的声誉赢得客户抢占市场份额,农村金融市场原有的金融机构需要守住市场份额保持行业地位,从而就会努力提高各自的机构运行效率,提升盈利能力。当然,当农村金融市场效率得到有效提升,市场发展需要更高效率的均衡时,又会对农村金融市场的开放产生新的要求。

此外,传统的金融市场开放对金融市场效率影响机制研究,一般是通过研究市场结构对市场绩效的影响来实现,往往是建立模型分析代表市场结构的市场集中度与代表市场绩效的财务指标之间的相关性。但是对于农村金融市场,直接使用集中度指标和财务指标进行分析,无法准确描述农村金融市场开放所带来的市场结构、规模和深度的变化。因此,本书采用农村金融市场开放度这一综合性的指标衡量市场结构、规模和深度的变化,采用农村金融市场效率这一综合性的指标衡量金融支农效率和机构运行效率的变化,在此基础上分析农村金融市场开放对金融支农效率和机构运行效率的影响机制。

6.2 研究假设

6.2.1 假设1:农村金融市场开放对金融支农效率具有正向影响

图6-2是陕西农村金融市场开放度与金融支农效率的关系,在不考虑

区域经济发展水平差异的前提下，可以看出样本点集中于第三、第四象限，缺乏显著的变动趋势。从规模开放与金融支农效率的关系来看，处于第四象限的样本点多于在第三象限的；分别从结构开放和深度开放与金融支农效率的关系来看，样本点在第三、第四象限分布相当；在综合开放与金融支农效率的关系上，样本点也集中于第三、第四象限。

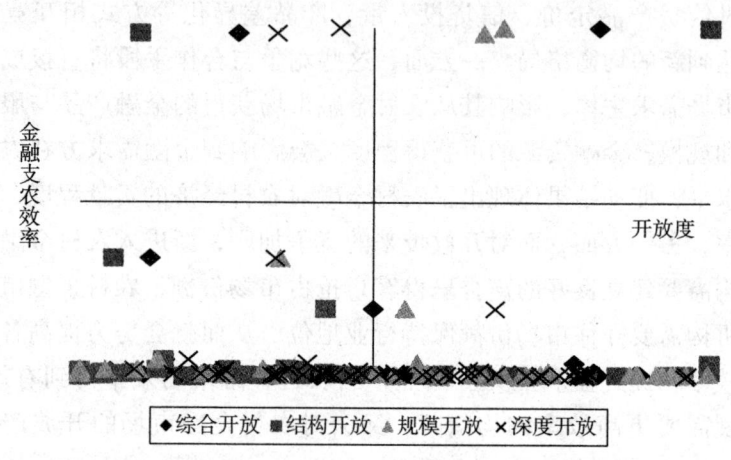

图 6-2　农村金融市场开放度与金融支农效率关系

农村金融市场的开放，最直接的表现就是涉农金融机构的数量增加，从理论上讲，客户距离金融机构的距离与其可从该机构获得金融服务的便利程度成反比；小微农村金融机构的服务以县域城区为中心向广大农村地区辐射，一些机构甚至直接在村镇设立办事机构，使得农户与涉农企业及各类经济组织能够以较低的交易成本获得金融服务，有助于提高金融支农效率。其次，央行鼓励小微农村金融机构服务"三农"的政策，引导其将信贷资金投向急需大量资金的涉农领域，从而增加了农村金融市场的信贷规模，一定程度上弥补了农村信贷缺口，有利于金融支农效率的提升。再次，随着农村金融市场开放，金融深化带来市场竞争的加剧，为了获得更多的客户与更大的利润，涉农金融机构需要通过金融服务创新来提供层次鲜明的金融产品，这样差异化的市场细分既需要对农村地区那些具有经营财务报表的大型生产者的信息进行收集，也需要对分散的、小规模经营的生产者的信息进行收集，一定程度上减少了信息不对称对金融支农效率的影响。因此，可以提出假设1：农村金融市场开放对金融支农效率具有正向影响。

6.2.2 假设2：农村金融市场开放对小微农村金融机构运行效率具有负向影响

图 6-3 为 2011 年陕西农村金融市场开放度与小微农村金融机构运行效率的关系，在不考虑区域经济发展水平差异的前提下，可以看出样本点集中于第三、第四象限，缺乏显著的变动趋势。从结构开放与机构运行效率关系看，样本点多分布在第三象限；分别从规模开放与机构运行效率、深度开放与机构运行效率的关系看，样本点在第三、第四象限的分布相当；至于综合开放与机构运行效率的关系，样本点则在第三象限较为集中。

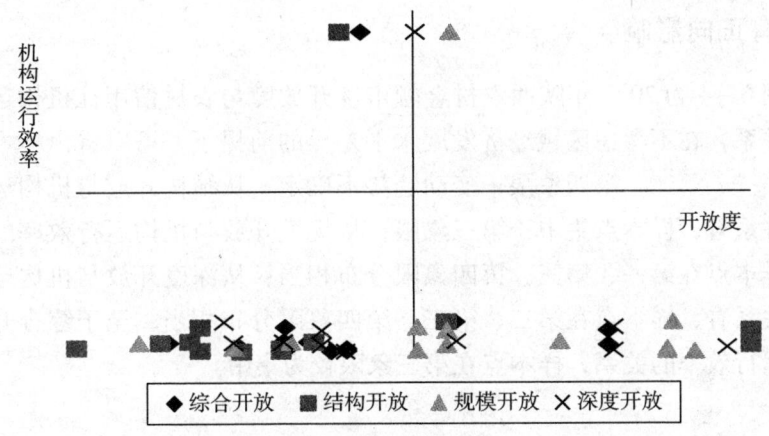

图 6-3 农村金融市场开放度与小微农村金融机构运行效率关系（2011年）

小微农村金融机构是农村金融市场开放的主体，承担着调整市场结构、优化资源配置，继而建立便捷高效、有序竞争的农村金融市场的责任，其能否在开放的市场环境下实现自身的可持续发展关系着开放政策的实施效果。作为主要设立于农村地区且专注于服务农业和农村经济的金融机构，小微农村金融机构目前还处于起步阶段，以基本的信贷业务为主，盈利模式比较单一，市场竞争力相当有限。农村金融市场内小微农村金融机构数量的增加，一定程度上反映了政策的导向作用，对于处于发展阶段、竞争力较弱的小微农村金融机构，政策的扶持有利于其运行效率的提高。另一方面，由于受注册资本规模的限制，即使农村金融市场整体信贷规模扩大，小微农村金融机构能够扩展其信贷规模的业务空间依然有限，与实力雄厚的其他供给者相比竞争力不足,从而限制了其运行效率的提高。此外,随着农村金融市场开放,区内经济金融化程度提高,市场机制对信贷资金的配置作用逐渐凸显,优胜劣汰的风险会促使小微农村金融机构通过改变经营行为提高运行效率;但是市场化也意味着政策扶持会逐渐减少,"政策红利"的减少可能会使处于成长期的小微农村金融机构运行效率出现下降。

综上所述,可以提出假设2:农村金融市场开放对小微农村金融机构运行效率具有负向影响,结构开放度对其机构运行效率具有正向影响,规模开放度与深度开放度对其机构运行效率具有负向影响。

6.2.3　假设3:农村金融市场开放对农村信用社机构运行效率具有正向影响

图6-4为2011年陕西农村金融市场开放度与农村信用社机构运行效率的关系,在不考虑区域经济发展水平差异的前提下,可以看出样本点集中于第一、第三、第四象限,变动趋势不确定。从结构开放与机构运行效率的关系看,样本点集中于第三象限;从规模开放与机构运行效率的关系看,样本点在第一、第三、第四象限分布相当;从深度开放与机构运行效率的关系看,样本点在第二、第三、第四象限分布相当;至于综合开放与机构运行效率的关系,样本点在第三象限较为集中。

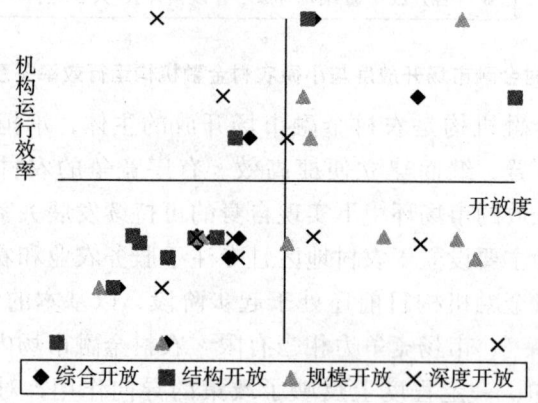

图6-4　农村金融市场开放度与农村信用社机构运行效率关系(2011年)

作为农村金融市场中长期居于垄断地位的供给主体,农村信用社具有其他农村金融机构不易具备的客户资源和网点员工优势。随着农村金融市场的开放，新型农村金融机构和小额贷款公司进入农村金融市场，农村金融供给主体的增加改变了市场结构，加剧了市场竞争，农村信用社将会调整经营战略，通过诸如客户市场细分、服务对象下延等措施来提升机构运行效率，维持市场主导地位。从市场规模上来看，随着农村金融市场准入政策的放宽，虽然农村信用社原有的市场份额会受到新增供给主体的侵蚀。但是与其他农村金融机构相比，农村信用社资本实力雄厚，在农村金融市场整体信贷规模扩大时，完全具有扩大其信贷业务规模的能力；并且依据对农户小额贷款的利息收入免征营业税，在计算应纳税所得额时按90.00%计入收入总额等税收优惠政策，其也具有扩大信贷业务规模的动力。因此，规模开放度的提高对于农村信用社机构运行效率的提升具有积极的影响。此外，开放促进了农村金融市场深化程度的提升，陕西农村金融市场将逐渐向多层次、竞争性的农村金融市场逼近，农村信用社凭借垄断地位获取的竞争优势也将逐渐减少，从而影响其机构运行效率的提升；监管机构也将对农村金融机构经营的安全性、风险性等相关指标制定新的监管标准，从技术指标层面控制经营风险、强化经营安全，也会加大农村信用社提升机构运行效率的难度。

综上所述，可以提出假设3：农村金融市场开放对农村信用社机构运行效率具有正向影响，结构开放度、规模开放度对其机构运行效率具有正向影响，深度开放度对其机构运行效率具有负向影响。

6.3 分析方法

6.3.1 面板数据模型

面板数据（Panel Data）是时间和截面上同时得到的二维数据，纵向看是每个个体的时间序列值，横向看是在某个时点上多个个体的截面值，实际上就是截面上的个体在不同时间点的重复观测数据，因此也可以叫做混合数据（张晓峒，2009）。利用面板数据建立模型，较多的可观测值可以提高估计量的精度，并且能获得比单一截面或者时间序列更多的动态信息。本节将简要介绍面板数据常用模型种类、模型设定的检验方法、模型的估计方法。

1. 面板数据常用的模型类别

(1) 混合面板模型 (Pooled Model)。假设存在一个面板模型,如果可以被定义为

$$y_{it} = \alpha + X'_{it}\beta + \varepsilon_{it}, \quad i = 1,2,\cdots,N; t = 1,2,\cdots,T \quad (6-1)$$

式中:y_{it} 是个体 i 在时点 t 上的回归因变量;$X'_{it} = (X_{1it}, X_{2it}, \cdots, X_{kit})$ 是 $(K \times 1)$ 阶回归解释变量的列向量;$\beta_{it} = (\beta_{1it}, \beta_{2it}, \cdots, \beta_{kit})$ 是 $(K \times 1)$ 阶回归系数列向量;α 表示截距;ε_{it} 为误差项。则称此模型为混合模型。混合模型的特点是对于任何个体和截面,回归系数 α 和 β 都相同。如果模型设定正确,解释变量和误差项不相关,则无论是个体 N→∞ 还是时点 T→∞,模型参数的混合最小二乘估计量 (Pooled OLS) 都一致估计量。

(2) 固定效应模型 (Fixed Effects Model)。假设存在一个面板模型,如果能够被定义为

$$y_{it} = \alpha_i + X'_{it}\beta + \varepsilon_{it}, \quad i = 1,2,\cdots,N; t = 1,2,\cdots,T \quad (6-2)$$

式中:y_{it} 是个体 i 在时点 t 上的回归因变量;$X'_{it} = (X_{1it}, X_{2it}, \cdots, X_{kit})$ 是 $(K \times 1)$ 阶回归解释变量的列向量;$\beta_{it} = (\beta_{1it}, \beta_{2it}, \cdots, \beta_{kit})$ 是 $(K \times 1)$ 阶回归系数列向量,对于不同个体回归系数相同;α_i 为截距项,是随机变量,表示对于 N 个个体有 N 个不同截距项,代表截面单元的个体特征与差异,其变化与 X_{it} 有关,ε_{it} 为误差项;则该模型为个体固定效应模型 (Entity Fixed Effects Model)。

如果存在一个面板模型,能被定义为

$$y_{it} = \gamma_t + X'_{it}\beta + \varepsilon_{it}, \quad i = 1,2,\cdots,N; t = 1,2,\cdots,T \quad (6-3)$$

式中:y_{it} 是个体 i 在时点 t 上的回归因变量;$X'_{it} = (X_{1it}, X_{2it}, \cdots, X_{kit})$ 是 $(K \times 1)$ 阶回归解释变量的列向量;$\beta_{it} = (\beta_{1it}, \beta_{2it}, \cdots, \beta_{kit})$ 是 $(K \times 1)$ 阶回归系数列向量;γ_t 为截距项,是随机变量,表示对于 T 个截面有 T 个不同的截距,其变化与 X_{it} 有关,ε_{it} 为误差项;则该模型为时点固定效应模型 (Time Fixed Effects Model)。

如果存在一个面板模型,能被定义为

$$y_{it} = \alpha_0 + \alpha_i + \gamma_t + X'_{it}\beta + \varepsilon_{it}, \quad i = 1,2,\cdots,N; t = 1,2,\cdots,T \quad (6-4)$$

式中:y_{it} 是个体 i 在时点 t 上的回归因变量,$X'_{it} = (X_{1it}, X_{2it}, \cdots, X_{kit})$ 是 $(K \times 1)$ 阶回归解释变量的列向量;$\beta_{it} = (\beta_{1it}, \beta_{2it}, \cdots, \beta_{kit})$ 是 $(K \times 1)$ 阶回归系数列向量;α_i 是随机变量,表示对于 N 个个体有 N 个不同截距项,其变化与 X_{it} 有关;γ_t 是随机变量,表示对于 T 个截面有 T 个不同的截距,其

变化与 X_{it} 有关;ε_{it} 为误差项;且满足假定 $(\varepsilon_{it}\mid X_{it},\alpha_i,\gamma_t) = 0$;则该模型为个体时点固定效应模型（Time and Entity Fixed Effects Model）。

(3) 随机效应模型（Random Effects Model）。如果存在一个面板模型，可以被定义为

$$y_{it} = \alpha_i + X'_{it}\beta + \varepsilon_{it}, \quad i = 1,2,\cdots,N; t = 1,2,\cdots,T \quad (6-5)$$

式中：y_{it} 是个体 i 在时点 t 上的回归因变量，$X'_{it} = (X_{1it}, X_{2it}, \cdots, X_{kit})$ 是 $(K \times 1)$ 阶回归解释变量的列向量;$\beta_{it} = (\beta_{1it}, \beta_{2it}, \cdots, \beta_{kit})$ 是 $(K \times 1)$ 阶回归系数列向量，对于不同个体回归系数相同;α_i 为截距项，是随机变量，其变化与 X_{it} 无关，ε_{it} 为误差项;称该模型为个体随机效应模型。其假定条件是满足 $\alpha_i \sim iid(\alpha, \sigma_\alpha^2)$ 与 $\varepsilon_{it} \sim iid(0, \sigma_\varepsilon^2)$ 的未限定类型独立同分布。同理也可以定义时点随机效应模型和个体随机效应模型，在这里不多做介绍，详情见相关计量方法书籍。

2. 面板数据模型的设定检验。面板数据模型包含了时间和个体的信息，不同的模型形式适用于具有不同特点的观测样本，如果不能设立适用的模型，估计结果将会出现偏差。首先，需要判断模型中的不同个体截距是否相同，如果相同，则适用于混合模型；如果截距相同的假设被拒绝，接下来需要进一步判断个体效应与解释变量是否有关；如果模型中解释变量均为外生变量，则适用于具有随机效应的模型；如果个体效应与回归变量无关的这个前提假设被拒绝，则该模型适用于个体固定效应（Kennedy，2003）。因此，对模型中是否存在个体固定效应的判别，是选择合适的模型进行估计的关键，F 检验和 Hausman 检验则是常用的个体固定效应检验方法。

（1）F 检验。首先建立假设：

H_0：模型中不同个体截距相同；

H_1：模型中不同个体截距不同。

F 统计量定义为

$$F = \frac{(SSE_r - SSE_u)/N}{SSE_u/(NT - N - K)} \quad (6-6)$$

式中：SSE_r 与 SSE_u 分别为混合估计模型与个体固定效应模型的残差平方和；N 为约束条件也就是个体数量；T 为时期数；K 为解释变量个数。在原假设"约束条件真实"条件下，F 统计量渐进服从自由度为 $(N, NT - N - K)$ 的 F 分布。如果 F 统计量小于临界值，即接受原假设 H_0 拒绝备选假设

H_1，从而选择混合效应模型，反之，则选择个体固定效应模型。

（2）Hausman 检验。该检验是对同一参数的两个估计量差异的显著性进行的一种检验，假设如下：

H_0：个体效应与回归变量无关；

H_1：个体效应与回归变量相关。

构造 H 统计量为

$$H = \frac{(\hat{\beta} - \beta)^2}{(S_{\hat{\beta}}^2 - S_{\beta}^2)} \sim \chi^2(k) \qquad (6-7)$$

式中：$\hat{\beta}$ 与 $S_{\hat{\beta}}$ 分别代表个体固定效应模型的系数和标准差；β 与 S_{β} 分别代表个体随机效应模型的系数和标准差。在原假设"约束条件真实"条件下，H 统计量渐进服从 $\chi^2(k)$ 分布，其中 k 表示零假设中约束条件个数。如果 H 统计量大于临界值，即拒绝原假设 H_0 接受备选假设 H_1，从而选择个体固定效应模型；反之，则选择个体随机效应模型。

（3）面板数据模型的估计方法。面板数据中，估计量的性质随模型设定而变化，因而估计方法也依模型设定的不同而变化，常用三种估计方法：

①混合最小二乘法估计（Pooled OLS）。混合 OLS 是在时间上和截面上把 NT 个观测值混合在一起，然后用 OLS 参数模型。若给定混合模型

$$y_{it} = \alpha + X'_{it}\beta + \varepsilon_{it}, \quad i = 1, 2, \cdots, N; t = 1, 2, \cdots, T$$

则其向量形式为

$$y = W\gamma + u$$

式中：$y = (y'_1, \cdots, y'_N)'$ 与 $u = (u'_1, \cdots, u'_N)'$ 是 $(NT \times 1)$ 阶列向量；$\gamma = (\alpha, \beta')'$ 是 $(K+1) \times 1$ 列向量；W 是 $NT(K+1)$ 阶矩阵，其第一列是单位列向量。假定条件是 $E(u \mid W) = 0$，误差项 u 是严格外生的。$E(uu' \mid W) = \Omega$，则 γ 的混合 OLS 公式为

$$\hat{\gamma} = (W'W)^{-1}W'y \qquad (6-8)$$

无论 $N \to \infty$ 还是 $T \to \infty$，模型参数的混合最小二乘法估计量都具有一致性。

②离差变换 OLS 估计。离差变换 OLS 估计是先把每个个体的观测值变换为对其平均数的离差观测值，然后利用离差变换数据估计模型参数。若给定个体固定效应模型为

$$y_{it} = \alpha_i + X'_{it}\beta + \varepsilon_{it}, \quad i = 1,2,\cdots,N; t = 1,2,\cdots,T$$

则对其中每个个体计算平均数,可得到平均数模型

$$\overline{y}_i = \alpha_i + \overline{X}'_i\beta + \overline{\varepsilon}_i, \quad i = 1,2,\cdots,N; t = 1,2,\cdots,T$$

上两式相减可得

$$y_{it} - \overline{y}_i = (X_{it} - \overline{X}'_i)\beta + (\varepsilon_{it} - \overline{\varepsilon}_i), \quad i = 1,2,\cdots,N; t = 1,2,\cdots,T$$

此模型即为离差变换数据模型。应用 OLS 估计,则 β 的估计公式为

$$\hat{\beta} = \frac{\sum_{i=1}^{N}\sum_{t=1}^{T}(X_{it} - \overline{X}_i)(y_{it} - \overline{y}_i)}{\sum_{i=1}^{N}\sum_{t=1}^{T}(X_{it} - \overline{X}_i)(X_{it} - \overline{X}_i)} \tag{6-9}$$

对于个体固定效应模型,β 的离差变换 OLS 估计量是一致估计量。

③可行 GLS 估计。若给定如下个体固定效应模型

$$y_{it} = \alpha_i + X'_{it}\beta + \varepsilon_{it}, \quad i = 1,2,\cdots,N; t = 1,2,\cdots,T$$

式中:α_i 与 ε_{it} 均服从独立同分布。若对上式变换并得到如下模型

$$y_{it} - \hat{\lambda}\overline{y}_i = (1 - \hat{\lambda})\mu + (X_{it} - \hat{\lambda}\overline{X}_i)'\beta + v_{it}, \quad i = 1,2,\cdots,N; t = 1,2,\cdots,T$$

式中:$v_{it} = (1 - \hat{\lambda})\alpha_i + (\varepsilon_{it} - \hat{\lambda}\overline{\varepsilon}_i)$ 渐进服从独立同分布,可得

$$\lambda = 1 - \frac{\sigma_\varepsilon}{\sqrt{\sigma_\varepsilon^2 + T\sigma_\varepsilon^2}} \tag{6-10}$$

运用 OLS 估计则所得的估计量称为可行 GLS 估计量,对于随机效应模型,该估计量为一致有效估计量。

6.3.2 多元线性模型

多元线性回归模型是一个因变量与两个及两个以上自变量之间的回归,描述因变量 y 是如何依赖于自变量 x_1, x_2, $\cdots$, x_k 和误差项 ε 变化的回归方程。

因此,涉及 K 个自变量和 N 个个体的多元线性回归模型可表示为

$$y = \beta_0 + \beta_1 x_{1i} + \beta_2 x_{2i} + \cdots + \beta_k x_{ki} + \varepsilon_i,$$
$$i = 1,2,\cdots,N \tag{6-11}$$

式中:$\beta_0, \beta_1, \beta_2, \cdots, \beta_k$ 是参数,ε_i 是随机变量。

6.4 实证结果与结论

6.4.1 农村金融市场开放对金融支农效率影响的实证结果

基于前文对陕西农村金融市场开放与金融支农效率的分析,本小节以

2008—2012 年陕西十县域的面板数据实证分析农村金融市场开放对金融支农效率的影响。因变量为第五章 DEA 超效率模型计算所得的 2008—2012 年各农村金融市场金融支农超效率值，自变量为第四章 AHP 与 TOPSIS 方法所计算的 2008—2012 年各农村金融市场开放度值，控制变量为各县域年度人均 GDP。根据以上变量，可建立如下计量模型

$$seff_{it} = \beta_0 + \beta_1 \times open_{it}^m + \beta_2 \times pgdp_{it} + \varepsilon_{it} \quad (6-12)$$

式中：$seff_{it}$ 是金融支农超效率值，$open_{it}^m$ 是农村金融市场开放度，控制变量 $pgdp_{it}$ 是年度人均 GDP，β_0 是截距，β_1 与 β_2 是斜率，ε_{it} 为误差项。因而，当 m = 0, 1, 2, 3 时，模型（6 - 12）分别衡量综合开放度、结构开放度、规模开放度和深度开放度对金融支农效率的影响，回归过程将借助 EViews 6.0 软件，回归结果如表 6 - 1 和表 6 - 2 所示。

表 6 - 1　农村金融市场开放对金融支农效率的影响（同期）

因变量	自变量	回归系数	标准差	t 统计量	P 值	可决系数
$seff_{it}$	C	14.3025	3.8971	3.6701	0.0007	0.6059
	$open_{it}^0$	-2.0331	5.6693	-0.3586	0.7219	
	$pgdp_{it}$	-0.0006 ***	0.0002	-3.1050	0.0036	
$seff_{it}$	C	14.3805	3.5496	4.0513	0.0002	0.6111
	$open_{it}^1$	-3.3401	4.1788	-0.7993	0.4291	
	$pgdp_{it}$	-0.0006 ***	0.0002	-3.0673	0.0040	
$seff_{it}$	C	13.9333	4.7373	2.9412	0.0055	0.6046
	$open_{it}^2$	-0.4245	4.9513	-0.0857	0.9321	
	$pgdp_{it}$	-0.0006 ***	0.0002	-3.2016	0.0028	
$seff_{it}$	C	15.4245	4.6358	3.3273	0.0020	0.6079
	$open_{it}^3$	-3.6112	6.3318	-0.5703	0.5718	
	$pgdp_{it}$	-0.0006 ***	0.0002	-3.1850	0.0029	

注：***、**、* 分别表示在 1%、5%、10% 的显著性水平下通过检验。

表 6 - 2　农村金融市场开放对金融支农效率的影响（滞后一期）

因变量	自变量	回归系数	标准差	t 统计量	P 值	可决系数
$seff_{it}$	C	21.8889	4.2491	5.1515	0.0000	0.7173
	$open_{i(t-1)}^0$	-16.2393 **	6.4392	-2.5220	0.0176	
	$pgdp_{it}$	-0.0007 **	0.0002	-2.7338	0.0107	

续表

因变量	自变量	回归系数	标准差	t统计量	P值	可决系数
$seff_{it}$	C	18.7171	4.1037	4.5610	0.0001	0.7277
	$open^1_{i(t-1)}$	-13.0593***	4.7145	-2.7700	0.0098	
	$pgdp_{it}$	-0.0006**	0.0002	-2.4829	0.0193	
$seff_{it}$	C	22.2745	5.9160	3.7651	0.0008	0.6586
	$open^2_{i(t-1)}$	-4.3130	6.4174	-0.6721	0.5070	
	$pgdp_{it}$	-0.0009***	0.0002	-3.7217	0.0009	
$seff_{it}$	C	23.1662	6.2792	3.6894	0.0010	0.6607
	$open^3_{i(t-1)}$	-6.3050	7.9738	-0.7907	0.4358	
	$pgdp_{it}$	-0.0002***	0.0002	-3.7815	0.0008	

注：***、**、*分别表示在1%、5%、10%的显著性水平下通过检验。

从表6-1可以看出，农村金融市场的综合开放度、结构开放度、规模开放度和深度开放度均对农村金融市场支农效率具有抑制作用，但这种抑制性在当期影响不显著。考虑到经济体系中经济金融政策实行过程中存在的时间滞后效应，继续分析了滞后一期的农村金融市场开放度对当前期金融支农效率的影响（见表6-2）。可以看出，滞后一期的综合开放度、结构开放度与当前期的支农效率分别在5%和1%的显著性水平下负相关，而滞后一期的规模开放度、深度开放度对当前期的支农效率具有不显著的负向影响。因此，在2008—2012年的五年，农村金融市场开放对金融支农效率具有抑制作用，并且此抑制作用具有滞后性。也就是说农村金融市场的开放不但没有促进金融支农效率的提高，反而随着开放度的上升，金融支农效率会出现下降趋势。

6.4.2 农村金融市场开放对机构运行效率影响的实证结果

基于前文陕西农村金融市场开放与农村金融机构运行效率的分析，本小节将建立简单的多元线性回归模型分别分析农村金融市场开放对陕西14家小微农村金融机构和10个县域农村信用社的机构运行效率的影响。因变量为第五章DEA超效率模型计算的2011年机构运行超效率值，自变量为第四章计算的机构所在县域农村金融市场开放度值，则有回归模型如下

$$seff_i^{tN} = \beta_0 + \beta_1 \times open_i^m + \beta_2 \times pgdp_i + \varepsilon_i, \quad i = 1,2,\cdots,N$$

(6-13)

式中：$seff_i^{IN}$ 是各农村金融机构 2011 年机构运行超效率值；$open_i^m$ 是各机构所在农村金融市场 2011 年开放度；$pgdp_i$ 是各机构所在县域 2011 年人均 GDP 值；β_0 是截距，β_1 与 β_2 是斜率；ε_{it} 为误差项。因此，当 $m = 0,1,2,3$ 时，模型（6-13）将依次分析综合开放度、结构开放度、规模开放度、深度开放度对农村金融机构运行效率的影响，回归结果将借助 EViews 6.0 软件得出，如表 6-3 和表 6-4 所示。

表 6-3　　　农村金融市场开放对小微农村金融机构运行效率的影响（2011 年）

因变量	自变量	回归系数	标准差	t 统计量	P 值	可决系数
$seff_i^{IN}$	C	0.4005	2.8997	0.1381	0.8927	0.0753
	$open_i^0$	11.8634	13.0345	0.9102	0.3823	
	$pgdp_i$	-0.0002	0.0002	-0.9272	0.3737	
$seff_i^{IN}$	C	3.2688	2.0218	1.6168	0.1342	0.1695
	$open_i^1$	16.2876	11.0572	1.4730	0.1689	
	$pgdp_i$	-0.0003	0.0002	-1.4829	0.1662	
$seff_i^{IN}$	C	2.4116	3.3265	0.7250	0.4836	0.0059
	$open_i^2$	-0.1965	4.4325	-0.0443	0.9654	
	$pgdp_i$	-1.97E-05	7.79E-05	-0.2531	0.8048	
$seff_i^{IN}$	C	2.3690	3.9414	0.6011	0.5600	0.0057
	$open_i^3$	-0.1193	5.5289	-0.0216	0.9832	
	$pgdp_i$	-2.02E-05	8.44E-05	-0.2399	0.8148	

表 6-4　　　农村金融市场开放对农村信用社机构运行效率的影响（2011 年）

因变量	自变量	回归系数	标准差	t 统计量	P 值	可决系数
$seff_i^{IN}$	C	0.5963	0.2164	2.7554	0.0283	0.6536
	$open_i^0$	0.9955 ***	0.2748	3.6221	0.0085	
	$pgdp_i$	0.1249	0.4800	0.2602	0.8022	
$seff_i^{IN}$	C	0.7635	0.2002	3.8140	0.0066	0.6467
	$open_i^1$	0.6328 ***	0.1774	3.5678	0.0091	
	$pgdp_i$	0.1517	0.4847	0.3131	0.7633	

续表

因变量	自变量	回归系数	标准差	t统计量	P值	可决系数
$seff_i^{IN}$	C	0.9371	0.2803	3.3437	0.0124	0.2464
	$open_i^2$	0.4224	0.2817	1.4995	0.1774	
	$pgdp_i$	-0.3763	0.7876	-0.4778	0.6474	
$seff_i^{IN}$	C	1.3993	0.3744	3.7377	0.0073	0.2815
	$open_i^3$	-0.5190	0.3158	-1.6436	0.1443	
	$pgdp_i$	-0.3205	0.7462	-0.4296	0.6804	

注：***表示在1%的显著性水平下通过检验。

由表6-3可以看出，在2011年，陕西农村金融市场的综合开放度、结构开放度、规模开放度和深度开放度对小微农村金融机构运行效率影响均不显著，但是结构开放度与机构运行效率的回归方程估计值为正，也在一定程度上表明农村金融市场结构上的开放对小微农村金融机构运行效率的提升可能具有积极影响。同时，规模和深度上的开放对小微农村金融机构运行效率的回归方程估计值为负，则表明农村金融市场上信贷规模的扩大以及农村经济金融化水平的提高可能会不利于小微农村金融机构运行效率的提升。由表6-4可以看出，在2011年，陕西农村金融市场的综合开放度、结构开放度对农村信用社机构运行效率的正向影响分别在1%的置信区间上显著，但是规模开放度和深度开放度对其机构运行效率影响均不显著。

6.5 本章小结

本章基于对陕西农村金融市场开放度和效率的评价，研究了陕西农村金融市场开放对农村金融市场效率的影响机制，并对其进行了实证分析。从金融支农效率来看，在2008—2012年的五年，陕西农村金融市场的开放并没有促进金融支农效率的提高，反而随着农村金融市场开放度的上升，金融支农效率出现了下降。从机构运行效率来看，在2011年，陕西农村金融市场的开放对小微农村金融机构运行效率的影响不显著，对农村信用社机构运行效率的正向影响非常显著。

究其原因，农村金融市场开放使得原本生产效率较低的非优质农户和涉农中小企业能够获得信贷支持，而这一部分生产者的产出水平低于平均产出水平，从而导致金融资源投入增加的比例大于农村经济产出的增加比例，因此拉低了金融支农效率的平均水平，带来了开放度上升反而使金融支农效率下降的结果。此外，农村金融市场结构的变动直接反映在金融机构数量的增加上，市场主体的增加使农村金融机构面临竞争压力，为了避免竞争带来的优胜劣汰和获得更高的报酬，金融机构管理者会通过各种手段来提高机构运行效率；而开放在市场规模和市场深度上的提高则意味着市场经济金融化程度的提高，这对于市场认知度高、资本实力雄厚、客户资源稳定的农村信用社来说，一定程度上有利于其机构运行效率的提升；但是对于设立时间较短、资本实力有限、处于成长期的小微农村金融机构来说，市场规模和深度上的开放并不利于其机构运行效率的提升。

第七章　陕西农村金融市场开放对效率影响机制的市场表现及成因

在对上一章陕西农村金融市场开放对农村金融市场效率影响机制实证分析的基础上，本章依据农村金融市场开放与效率良性作用机制的判断标准，分析陕西农村金融市场开放对农村金融市场效率影响机制的市场表现，并将从农村金融市场开放的内部金融发展和外部金融环境来分析之所以呈现出这些表现的原因。

7.1　农村金融市场开放与农村金融市场效率良性机制判断标准

发育不完全、成熟度较低的农村金融市场需要政府的"制度强替代"来引导其发展完善，商业化小额贷款公司和新型农村金融机构的引入也体现了这一点。小微农村金融机构的进入使农村金融市场的格局发生了变化，市场竞争的加剧促使作为供给方的农村金融机构调整经营战略，在业务定位、网点布局、服务手段等经营活动上作出了改变；农村金融市场开放带来的机构数量和信贷规模的增加，也使作为市场需求方的农户和企业在信贷服务机构与信贷产品选择上有了更大的挑选余地，能够依据效用最大化原理对融资偏好作出调整；当农村金融市场需求方融资偏好的改变被供给方察觉之后，农村金融市场供给方会据此调整经营策略。因此，在开放的农村金融市场中，一方面，为了在市场竞争中获益并实现自身发展的可持续性，农村金融机构必然通过不断提高经营管理水平来满足客户多元化的融资需求；另一方面，农户和企业的融资需求由于正规融资渠道和融资规模的增多而逐渐得到满足，金融支农效率得到了提升，促进了农村经济产出和农民收入的增加；最终，金融市场效率的提升促进了农业和农村经济的发展，有利于农村经济金融化程度的提升，从而影响到农村金融市场的进一步开放（见图6-1）。

当然，这一良性循环机制在经济、金融发展水平不同的地区将呈现不同情况。在金融生态良好、金融监管有力、信用状况优良的农村地区，开放程度、机构布局与业务定位实现了政策初衷，因而政策对开放的支持将更加有力，农村金融市场会遵循既有路径进一步开放；在金融生态不良、金融监管不力、信用状况较差的农村地区，农村金融市场的开放需要采取更为严格、审慎的态度。银监会2009年初编制的《新型农村金融机构2009—2011年总体工作安排》中"首先考虑在国家扶贫开发工作重点县和中西部地区发起设立村镇银行、贷款公司和农村资金互助社三类新型农村金融机构"，以及2011年《调整村镇银行关于组建核准有关事项的通知》中"村镇银行核准逐步向中西部较贫困的县域延伸"的政策导向也印证了这一点。

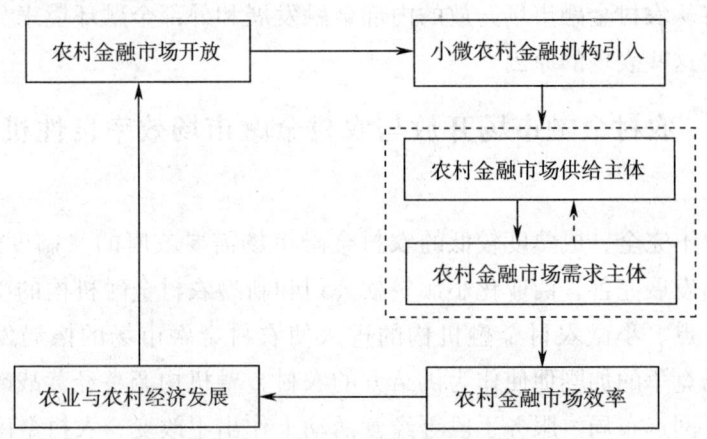

图7-1　农村金融市场开放与农村金融市场效率良性循环机制

综上所述，可以从农村金融市场的开放度、效率、开放对效率的影响以及市场供需来判断农村金融市场开放与农村金融市场效率作用机制的水平（见表7-1）。

表7-1　农村金融市场开放与农村金融市场效率作用机制评判标准

级别	要素			
	市场开放度	市场效率	开放对效率的影响	市场供需
超优	结构开放度上升，规模开放度上升，深度开放度上升	金融支农效率处于效率前沿面，传统金融机构、小微金融机构均处于效率前沿面	随着开放度上升，金融支农效率提升，传统金融机构运行效率提升，小微金融机构运行效率提升	供给主体增加，信贷投放量增加，服务对象下延，不存在服务空白点，受信额度完全满足需求，信贷缺口不存在

续表

级别	要素			
	市场开放度	市场效率	开放对效率的影响	市场供需
优良	结构开放度上升，规模开放度上升，深度开放度未上升	金融支农效率处于效率前沿面，传统金融机构处于效率前沿面，小微金融机构接近效率前沿面	随着开放度提升，金融支农效率提升，传统金融机构运行效率提升，小微金融机构运行效率未提升	供给主体增加，信贷投放量增加，不存在服务空白点，受信额度部分满足需求，信贷缺口较小
中等	结构开放度上升，规模开放度上升，深度开放度未上升	金融支农效率接近效率前沿面，传统金融机构与小微金融机构均接近效率前沿面	随着开放度提升，金融支农效率提升，传统金融机构运行效率提升，小微金融机构运行效率未提升	供给主体增加，信贷投放量增加，存在服务空白点，受信额度部分满足需求，信贷缺口较小
较差	结构开放度上升，规模开放度未上升，深度开放度未上升	金融支农效率远离效率前沿面，传统金融机构与小微金融机构均远离效率前沿面	随着开放度提升，金融支农效率未提升，传统金融机构运行效率未提升，小微金融机构运行效率未提升	供给主体增加，存在服务空白点，受信额度部分满足需求，信贷缺口较大

7.2 陕西农村金融市场开放对效率影响机制的市场表现

7.2.1 农村金融市场效率未得到显著提升

从理论上讲，如果农村金融市场开放对农村金融市场效率存在良性的影响机制，则随着农村金融市场的开放，作为增量改革主体的小微农村金融机构进入农村金融市场，一方面改变了农村金融市场格局，对原有的存量农村金融机构造成行业竞争压力，新增金融机构要抢占市场份额站稳脚跟，原有金融机构要维持市场份额保持行业地位，必然会通过竞争与合作的博弈寻找市场均衡点，农村金融机构运行效率将在竞争与合作的关系中得到提升。另一方面，农村金融市场开放，农村金融服务的覆盖面逐渐扩大，农户和农村地区中小企业可选择的金融机构和金融产品增多，信贷约束得到缓解，农村金融支农效率将得到提升。

现阶段，随着小微农村金融机构进入农村金融市场，市场结构发生变化，机构的增多加剧了农村金融市场的竞争，一方面，竞争性市场的信息揭示机制一定程度上缓解了信息不对称问题，为农村金融机构运行效率的提升创造了机会；竞争性市场中优胜劣汰的筛选机制也带来了威胁，促使农村金融机构为避免破产清算的风险而提高运行效率。另一方面，农村金融市场开放在市场规模和深度上的提高，则意味着农村市场经济金融化程度的提高，这对于市场认知度高、资本实力雄厚、客户资源稳定的农村信用社来说，一定程度上有利于其效率的提升；但是对于处于成长期、对政策变动敏感的小微农村金融机构来说，其吸引资本的竞争实力有限，难以从获得资本投入这一途径来提高效率。在农村金融市场对农村经济增长的贡献方面，农村金融市场的开放扩大了农村金融服务覆盖面，使得原本生产效率较低的"非优质"农户、涉农中小企业及各类组织获得了信贷资金，通过对信贷资金的使用，其产出水平和收入水平出现了增长；但由于这一部分生产者的产出水平低于农村经济平均产出水平，无法获得与所投入农村金融资源相匹配的农村经济产出，拉低了农村金融对农村经济增长的贡献率，使得农村金融支农效率出现了下降。因此，陕西农村金融市场开放并未能有效促进金融支农效率和机构运行效率的提升。

7.2.2 农村金融市场结构布局不均衡

农村金融市场结构布局，可以由金融机构网点的布局直观体现。陕西主要涉农金融机构中，农业银行在撤并基层机构之后，现存网点多位于县城；邮储银行依托邮政储蓄原有网点，与农村信用社共同成为了农村地区网点分布最广的金融机构；村镇银行与小额贷款公司多设立在县城及县城周边金融和经济环境较理想的区域，农村资金互助社多设立在农业生产产业化、组织化程度较高的村镇。目前的陕西农村金融市场结构布局，并不完全符合农村金融市场开放所要达到的"填补农村地区金融服务空白"的目的。据统计，2012年陕西农村每万人拥有的金融机构网点数不足1.20个且区域分布不平衡，陕南地区高于全省平均水平，陕北地区与全省平均水平持平，关中地区低于全省平均水平（见表7-2）。虽然陕西省内63.63%的农村地区每万人拥有的金融机构网点数高于全省平均水平，但是也存在每万人拥有的金融机构网点不足1个的地区，如咸阳。由此可见，农村金融市场的开放程度虽然得到了提升,但是农村金融市场机构网点布局的不均衡仍然难以保证农村金融机构能为农户和企业提供便捷的金融服务。

表7-2 陕西农村地区每万人拥有金融机构网点数(2012年)

地区	拥有机构网点数(个/万人)	辖区	拥有机构网点数(个/万人)
关中地区	1.15	西安市	1.28
		咸阳市	0.90
		宝鸡市	1.43
		铜川市	1.68
		渭南市	1.04
		杨凌区	1.21
陕南地区	1.28	汉中市	1.31
		安康市	1.09
		商洛市	1.54
陕北地区	1.20	榆林市	1.14
		延安市	1.31
陕西省均值			1.20

数据来源:罗剑朝,黎毅,房启明. 陕西省农村金融产品供给与需求非均衡的表现及其影响研究[J]. 西部金融,2014(6):8-19.

7.2.3 农村信贷对农村经济增长贡献不足

陕西农村地区获得的信贷支持,与其对农村经济所作出的贡献是不相匹配的。由图7-2可以看出,在2008—2012年的五年,农村地区为陕西省经济贡献了20.00%以上的GDP,金融市场从农村地区得到的存款占存款总额的13.00%以上,但是农村地区获得的信贷量却始终低于贷款总额度的10.00%,并且比重逐渐下降;而同时期,金融市场从农村地区所获存款比重却保持了增长态势。进一步由图7-3和图7-4可以看出,从2008—2012年,陕西农村金融市场呈现出了存贷差持续增大、存贷比持续下降的状态。因此,农村地区所获得的信贷支持与其对金融市场发展以及农村经济增长所作出的贡献不成比例。

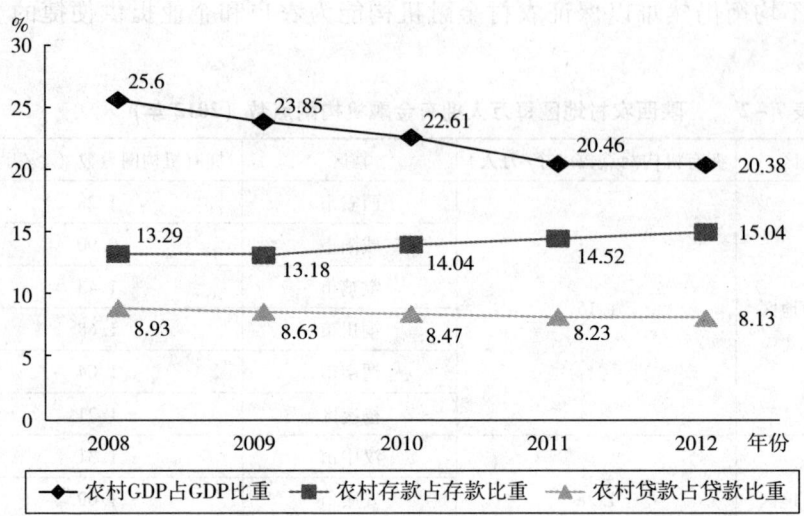

图7-2 陕西农村GDP、农村存款、农村贷款比重（2008—2012年）

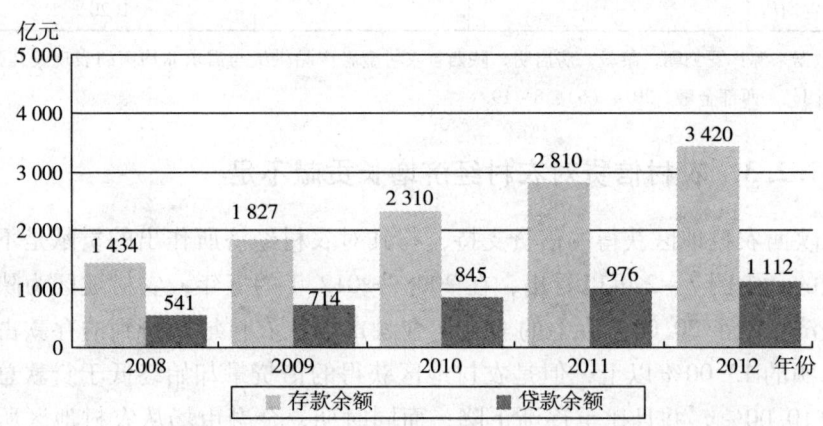

图7-3 陕西农村金融存贷款差异（2008—2012年）

7.2.4 农村金融市场深化程度低

金融深化水平可以用金融相关率（FIR）来衡量（戈德史密斯，

第七章 陕西农村金融市场开放对效率影响机制的市场表现及成因

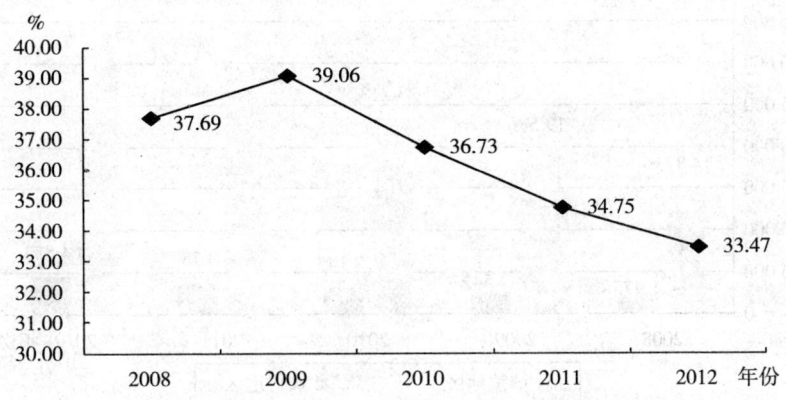

图 7-4　陕西农村金融市场存贷比（2008—2012 年）

1996），它的优点在于同时注重了金融市场的资产和负债（张杰，1995），适合于以信贷市场发展为主的农村金融市场。对于农村地区，金融活动主要表现为农村金融机构的资产和负债，因此金融资产总额可以由存款余额和贷款余额作为替代，国民生产总值则参考韩正清（2007）的研究由当年第一产业增加值和乡镇企业增加值作为农村 GDP。对于城镇地区，金融资产由存款、贷款和保险构成，城镇 GDP 为当年全省 GDP 减去农村 GDP 的部分。

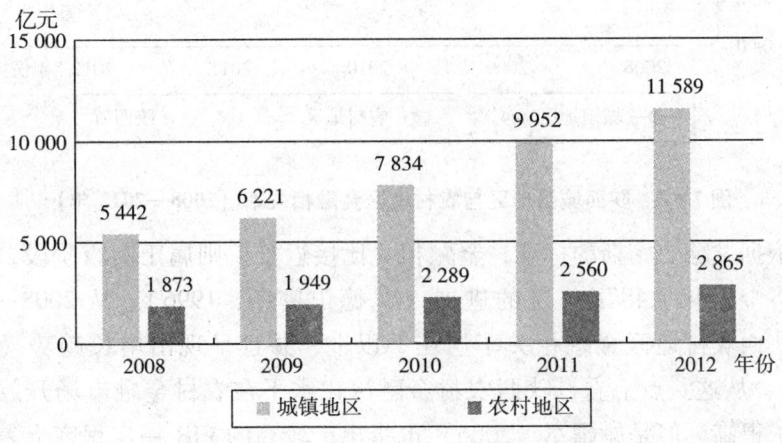

图 7-5　陕西城镇地区与农村地区 GDP 差异（2008—2012 年）

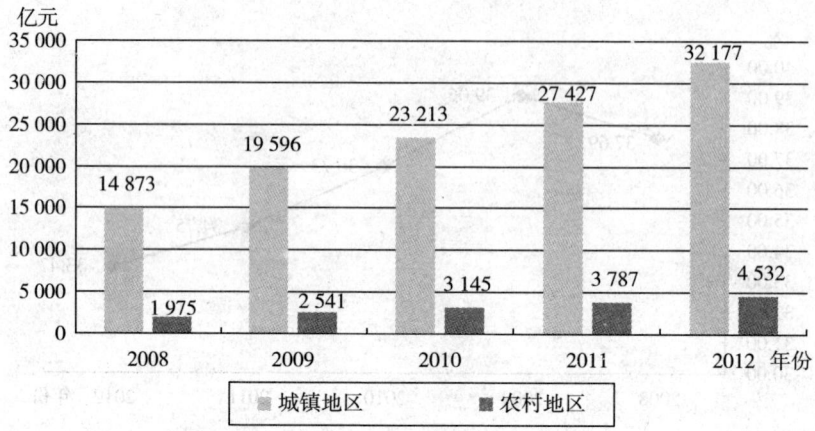

图7-6 陕西城镇地区与农村地区金融资产总额差异（2008—2012年）

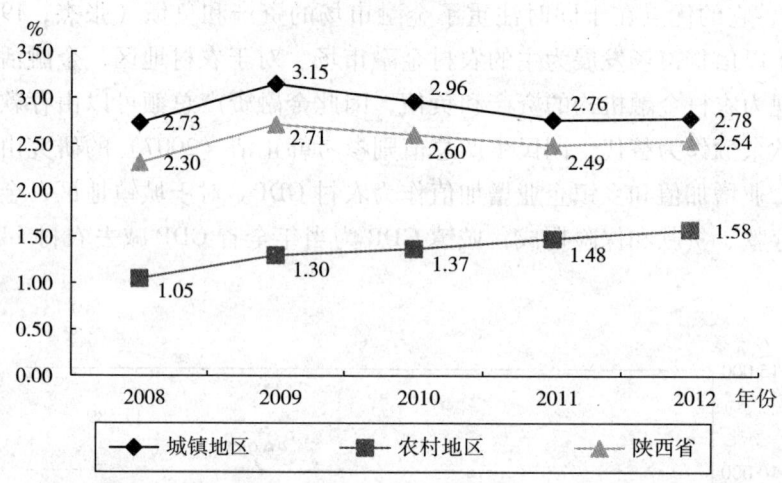

图7-7 陕西城镇地区与农村地区金融相关率（2008—2012年）

依据戈德史密斯的标准，金融相关比接近于1则属于高级阶段，反映出经济金融化取得了一定的进展（戈德史密斯，1996）。从2008—2012年，陕西农村地区金融相关率均在1以上，并且呈现出增长趋势（见图7-7），从这一点上看，陕西农村金融深化水平在农村金融市场开放以来得到了提高。但是姚耀军（2006）也指出，较高的FIR一定程度上表明了金融市场集中度较高、机构缺乏多元化、产品缺乏差异化。不容忽视的是，对比同时期城镇地区的金融相关率，可以看出陕西农村地区的金融相关率远低于城镇地区的,陕西农村金融发展水平远低于城镇金融发展水平,并且拉低了全省的金融发展水平(见图 7-7)。在 2012 年,陕西城镇地区国民生产总值为 11 589 亿元,农村地区为 2 865 亿元,城镇地区 GDP 仅为农村地区的 4 倍;然而在金融资产总额上,城镇地区为 32 177 亿元,农村地区为 4 532 亿元,前者却是后者的 7 倍(见图 7-5 和图 7-6)。因此,虽然在陕西农村金融市场开放以来,农村地区和城镇地区的金融发展水平差距呈现出了缩小趋势(仅 2009 年略有上升),农村金融市场深化程度得到了一定的提高,但是发展水平依然非常低。

7.3 陕西农村金融市场开放对效率良性影响机制未形成的原因

从前文实证结果可以看出,陕西农村金融市场的结构开放度呈现上升趋势,规模开放度和深度开放度则呈现波动趋势;仅有 30.00% 县域金融支农效率平均水平处于效率前沿面上,分别只有 30.00%、28.00% 的传统金融机构(农村信用社)和小微金融机构(村镇银行、小额贷款公司)处于效率前沿面上;随着开放度的提升,金融支农效率下降,传统金融机构运行效率提升,小微金融机构运行效率并未提升。依据评判标准,陕西农村金融市场开放对效率的良性影响机制并未形成。

农村金融市场开放的内部金融发展和外部金融环境是农村金融市场开放对效率良性影响机制难以形成的深层次原因。一方面,小微农村金融机构难以打破农村金融市场垄断局面,农村金融机构经营风险难以有效控制,农村金融产品和服务创新难以满足开放需求是农村金融市场开放内部存在的问题;另一方面,监管方式与农村金融市场开放不匹配、农村金融市场开放的支持政策不完善、农村金融市场开放的法律法规不健全、农村金融生态环境有待优化等外部市场环境也制约了良性影响机制的形成。

7.3.1 小微农村金融机构难以打破垄断

商业化小额贷款公司和新型农村金融机构设立的目的在于有效服务"三农"实体经济,所以政府优惠政策在成立初期的扶持,促进了小微农村金融机构的发展,但是随着政策"红利"的逐渐减少,其由于股权结构、资金来源等初始条件的约束,后续发展动力不足,难以成为打破传统农村金融机构垄断的利器。

首先是股权结构影响业务布局。以村镇银行为例，虽然境内外各类机构和资本都可以出资设立，但是银监会作出了"最大股东或唯一股东必须是银行业金融机构"的限制，并且提出该股东的持股比例必须大于所设立机构股本总额的20.00%。同时也对单一非金融机构、单个自然人股东及关联方提出了持股比例小于或等于股本总额10.00%的规定。虽然此规定是出于审慎经营和风险控制的目的，避免村镇银行在发展上走弯路（马晓光，2007）。但事实上，陕西省内村镇银行的主发起行持股比例均在51.00%以上，处于绝对控股的地位（见表7-3）。这样的股权结构易使村镇银行变成控股银行的分支机构，经营管理受到控股银行的干扰，控股银行出于安全性和盈利性的考虑，缺乏在经济基础较差地区设立机构的动力，会影响到村镇银行在"金融服务空白点"的业务布局，甚至会使村镇银行逐渐偏离服务"三农"的宗旨。同时，也弱化了中小股东在村镇银行发展中的发言权，打击了民间资本参与农村金融业务的积极性。

表7-3　　　　陕西省村镇银行注册资本及股东分布情况
（截至2012年12月）

村镇银行	注册资本（万元）	最大股东	最大股东持股比例（％）	非银行业金融机构股东	非银行业金融机构股东持股比例（％）
岐山硕丰村镇银行	500	长安银行	51.00	4家企业法人 4个自然人 （增资扩股后）	30.00
洛南阳光村镇银行	1 000	西安银行	80.00	1家企业 （增资扩股后）	10.00
安塞农银村镇银行	2 000	中国农业银行	51.00	6家企业法人	49.00
高陵阳光村镇银行	1 000	西安银行	70.00	3家企业法人	30.00
安塞建信村镇银行	3 000	中国建设银行	52.00	7家企业法人	49.00
富平东亚村镇银行	2 000	东亚银行	100.00	0	0
韩城浦发村镇银行	5 000	浦发银行	51.00	9家企业法人	49.00
榆阳民生村镇银行	5 000	民生银行	51.00	10家企业法人	49.00
志丹民生村镇银行	1 500	民生银行	51.00	9家企业法人	49.00

数据来源：根据银监会发布的《金融许可证信息》与各村镇银行最大股东年报整理。

其次是资金来源影响竞争力。银行类金融机构，信贷资金一般由股东投入的资金、对客户的负债以及同业拆借资金共同构成，其中个人和企业存入的资金是其信贷资金的主要来源。对于村镇银行来说，成立时间较短，除了少数了解金融政策的企业以及有投资意愿的自然人外，对于普通居民村镇银行仍是新生事物，由于缺乏了解甚至错误地以为是乡村办的银行或私人办的银行；与国有大型商业银行和农村信用社相比，村镇银行社会认知度、公信度明显不足，再加之机构网点较少、现代化手段缺乏，在吸纳存款上缺乏竞争力；此外，村镇银行在同业拆借市场上获得资金的能力相对较小，目前也不具备上市融资的条件，无法通过公开市场筹集资金。对于小额贷款公司来说，其资金一般来自于股东缴纳、捐赠、1~2个银行类金融机构的融资，以及经国家有关部门同意的其他资金来源；除却只贷不存的约束，小额贷款公司还受到苛刻的融资条件约束，比如从银行业金融机构获得的融入资金不能享受银行间同业拆借利率，需要与相应银行业金融机构自主协商，并且融资金额要求不得超过资本净额的50.00%，存在融资额度有限且附加成本较高的问题。因此，小微农村金融机构后续资金不足会影响其在农村金融市场上的竞争力。

7.3.2　农村金融机构经营风险难以有效控制

农村金融机构所面临的经营风险，一方面是来自农村金融市场的外部风险。首先，农业生产受自然条件影响产出不稳定，并且农产品市场存在价格的"天花板"不断下压和成本的"地板"不断上升的现象，农业生产的盈利空间日益变窄；除了大型的农业龙头企业，大部分涉农企业及各类组织的生产经营规模较小、管理水平较低、财务制度不健全，农户的生产经营则是以分散的小农生产经营为主，根本缺乏对经营状况的有效记录。因此，农业生产的高成本低收益和农户经营状况的难以掌握，导致了"三农"信贷业务的高风险性。其次，随着利率市场化改革的推进，存款利率的浮动会增加农村金融机构吸收存款的成本，存贷利差会出现缩小趋势，利率风险会影响农村金融机构的经营发展。再次，我国的农业保险业务，因受财力、营销渠道以及农户认识不到位等影响发展缓慢，难以有效分散农业生产的风险，提供"三农"金融服务的农村金融机构就成为了主要的风险承担者。

另一方面，是来自农村金融机构内部的风险。首先，农村金融机构内控机制不完善难以有效防范风险，比如小微农村金融机构资本规模有限，为控制经营成本，往往将与业务不直接关联的组织机构简化，董事会、监事会等监督机构形式化，内部控制制度的不健全，可能会导致经营决策的大股东控制化，既违背了小微农村金融机构的设立初衷，也容易形成内部关系人贷款，积累了经营风险。其次，农村金融机构的员工多数在当地聘用，一部分为籍贯在当地的、相关专业的大中专院校毕业生，另一部分为从当地其他金融机构跳槽的银行从业人员，虽然员工的地缘优势有助于业务的拓展，但在面对开放带来的竞争时，可能会存在高息揽储等违规操作风险或关联方贷款风险。

7.3.3 农村金融产品与服务创新难以满足开放需求

一是创新动力不足。一方面，农业生产的不确定性导致涉农贷款的风险堆积在此类贷款发放的金融机构，难以调动农村金融机构对农村金融产品与服务创新的主观能动性；另一方面，农户居住分散且信贷额度小，农村金融机构与其发生交易的成本相对较高，也制约了其创新农村金融产品和服务的积极性。在陕西县域农村金融机构中，农业银行、邮储银行均为非法人的分支机构，在贷款审批和产品服务选择上受上级法人机构的制约，没有金融产品和服务创新的自主权；农村信用社在农村金融市场上的垄断地位，使其在金融产品和服务创新上存在惰性；小微农村金融机构虽然具有创新的意愿，但是受到注册资本和经营风险的制约，心有余而力不足。

二是创新效果不显著。当前的陕西农村金融产品和服务创新，基本上是农村金融机构各自为政，主要针对当地各具特色的种植业、养殖业以及农副产品收购进行信贷创新，比如陕南的烟草贷款、关中的大棚贷款等。由于具有区域性特点，创新产品难以复制推广。在贷款抵押物创新上缺乏突破，存在信贷抵押担保物难以达到信贷审批要求的现象，信贷产品的设计难以满足现阶段陕西农业生产方式转变产生的多元化融资需要。

三是创新支持不足。农村金融产品创新是一项涉及各级政府、产业部门、监管部门、金融机构、农户和企业等各个方面的复杂活动，具有高投入、高风险的特点。现阶段，监管方式、税费减补、风险分摊等配套政策措施的支持力度不够，也制约了农村金融业务创新在陕西农村金融市场的发展。

7.3.4　监管方式与农村金融市场开放不匹配

首先，现阶段的陕西农村金融市场主要是农村信贷市场，以银行类金融机构为主，对农村金融机构的监管是比照商业银行的监管标准进行的。但是对农村金融机构而言，高成本、低收益的"三农"业务，与商业化运作的逐利性相矛盾，机械地依照商业银行监管标准通过各项指标对其进行评价并不科学。随着农村金融市场的开放，新型农村金融机构发展迅速，但是对其监管还主要停留在机构准入层面，业务操作层面的监管有待完善。

其次，陕西农村地区经济发展从北至南各具特点，信贷资金需求类型多样，农村金融机构的组织形式各异，发展水平也不尽相同，统一的商业化监管方式难以达到应有的效果。目前监管部门在注册资本、存款准备金、资本充足率上对农村地区金融机构的规定虽然比对大型商业化金融机构的规定更具有弹性，但是监管措施有待细化。

最后，在监管机构方面，银监会、人民银行和地方政府之间存在协调监管问题。比如村镇银行由各地区银监会监管，小额贷款公司由地方政府金融办监管，但是其相关政策均由人民银行和银监会制定，这种集权多头式的监管模式，协调的过程延长了监管时滞，增加了监管风险。此外，农村金融机构的财务数据和经营信息由人民银行进行统计，作为监管机构的银监会无法迅速、高效地通过统计数据对其进行风险管理，降低了监管效率。

7.3.5　农村金融市场开放的支持政策不完善

在货币政策方面，对于新型农村金融机构，农村资金互助社暂不用缴存存款准备金，村镇银行却要比照当地农村信用社的比例缴存存款准备金，这对市场份额、吸储能力、盈利能力远小于农村信用社的村镇银行来说，极大地减少了其可贷资金，影响了其贷款创造能力，制约了村镇银行的发展。此外，经批准吸收存款的新型农村金融机构存款利率上限为人民银行公布的同期同档次存款基准利率，小额贷款公司和三类新型农村金融机构的贷款利率下限为人民银行公布的同期同档次贷款基准利率的 0.90 倍，这样的存贷款利率管制影响了农村金融机构在吸收存款上的竞争力，进一步影响了其贷款供给能力，也不利于其实现财务可持续性。

在财政政策方面，虽然财政税务部门出台了一系列促进三类新型农村金融机构发展的税费减免补贴政策，但是有别于存款性金融机构的小额贷款公司却并未享受到优惠政策，不同地区的地方税务部门对小额贷款公司征税的标准也不尽相同，严重影响了其支农的积极性。此外，在财政补贴上，由于小额贷款公司具有一般企业性质，由地方工商管理部门和政府金融办管理监督，暂不需要当地向人民银行提供财务统计报告，所以无法准确计算其贷款余额，故而无法获得相应的补贴支持。

7.3.6 农村金融市场开放的法律法规不健全

首先，指导各类农村金融机构业务的法律规范不完善。业务开展的主要法律依据有《商业银行法》、《贷款通则》等，这些法律虽然具有普遍适用性，但是主要着眼于商业银行和城市的金融环境，忽视了农村金融业务和一般商业金融业务在服务目标上的差异，忽视了不同农村金融机构的特殊性，比如小额贷款公司是依据《公司法》成立的一般工商企业，应遵循《公司法》的要求运作，但在经营活动中其业务具有明显的金融企业特征，却未涵盖在《商业银行法》范围内，从而使农村金融机构在业务拓展中难以做到有法可依。虽然自 2007 年以来，银监会相继颁布了关于村镇银行、农村资金互助社、小额贷款公司的一系列"暂行规定"和"指导意见"，但基本着眼于市场准入和监管层面，对具体业务的指导较少，并且多为暂行的部门规章或规范性文件，法律效力较低。

其次，指导正规金融机构以外农村地区金融活动的立法不完善。银监会通过对股份制改革的许可，清晰地表明了合作性金融不适用于农村信用社，但是与合作金融相关的法律法规缺位，不利于规范引导真正具有合作性质的农村金融机构的发展。此外，现阶段主要依靠《合同法》和相关司法解释对民间金融活动进行规范、限制，并未将其纳入正规金融体系监管之内，民间金融的发展依然缺乏有效指导，不利于农村金融市场的内生性成长和自我创新。

7.3.7 农村金融生态环境有待优化

当前农村地区，尤其是在农村金融发展水平低下的老少边穷地区，金融生态环境相对较差。小微农村金融机构在此设立，难以保证可持续发展，进而会导致农村金融市场开放效果不佳。

一是农村金融机构服务对象的弱质性。农村金融机构的服务对象主要是农户和农村企业及各类涉农经济组织，农业生产的低效益带来了农村金融资本的低回报率，农户的分散化小农经营方式，造成了农村金融机构向其提供金融服务的高成本，县域企业存在经营规模小、产权不明晰、资产负债率高的问题，与金融机构的授信标准不对称。因此，农业产业化水平低、农村经济主体发育不完善，使农村金融机构对农村金融市场缺乏信心，金融机构主动支持"三农"的内生动力不足。

二是农村信用体系建设滞后。农村地区个体私营、民营企业财务制度不健全导致了较高的交易成本，使得农村金融机构缺乏授信动力，但更严重的是由于自身金融意识和信用意识薄弱，一些企业向金融机构提供虚假会计信息，金融机构难以掌握其运行的真实状态，加大了信贷风险甚至造成贷款损失，造成了农村金融机构不愿授信的局面。由于农村缺乏有效的个人信用征信体系，信息不对称使农村金融机构难以有效预测和控制风险，从而影响到其在农户贷款投放上的积极性。

三是农村金融业务的配套中介服务体系不完善。农村地区金融发展相对落后，农户和涉农中小企业对金融的认识和自身金融意识比较薄弱，社会信用服务的市场化程度较低、中介服务也不规范。农村地区金融业务的高风险性使得担保公司、资产评估公司、信用评级公司等中介型服务机构缺乏进入农村金融市场的动力，在一定程度上制约了农村金融市场的发展，阻碍了农村金融市场的开放。

7.4 本章小结

陕西农村金融市场开放对效率的良性影响机制未形成，主要表现在农村金融市场效率未得到显著提升，农村金融市场结构布局不均衡，农村信贷对农村经济增长贡献不足，农村金融市场深化程度低这些方面。究其原因，一方面来自农村金融市场开放内部的金融发展，如小微农村金融机构难以打破垄断、农村金融机构经营风险难以有效控制、农村金融产品与服务创新难以满足开放需求；另一方面来自外部的监管方式与农村金融市场开放不匹配、农村金融市场开放的支持政策不完善、农村金融市场开放的法律法规不健全、农村金融生态环境有待优化。

第八章 促进陕西农村金融市场开放与效率良性机制形成的政策建议与对策

目前的陕西农村金融市场，随着小额贷款公司与新型农村金融机构的进入与发展，市场开放程度得到了一定的提升，农村金融资源投入的增加也在一定程度上促进了农民收入的提高和农业生产的发展，但是农村金融市场开放并未促进金融支农效率的提升，对小微农村金融机构运行效率的促进作用也不显著。农村金融市场开放的目的是要通过提升农村金融服务"三农"的能力来促进农村经济产出的增加和农民收入的提高，而农村金融市场的发展受市场规律的制约，市场规律导向所追求的市场效率性则是实现开放目标的前提。因此，促进陕西农村金融市场开放与农村金融市场效率影响良性机制的形成，就要继续促进农村金融市场开放，进一步提升农村金融市场效率。

8.1 继续促进农村金融市场开放

8.1.1 扩大农村金融服务覆盖面

进一步放宽农村地区金融市场准入政策，推进小微农村金融机构发展，扩大农村金融服务覆盖面。在加强有效监管、促进规范经营、防范金融风险的前提下，鼓励社会资本和民间资本发起或参与设立新型农村金融机构，加大各类资本参与农村金融服务的力度，增强新型农村金融机构对"三农"和涉农企业及各类组织的金融服务支持。对于陕西省内已存在多年、发展良好、群众口碑佳的小额贷款组织，可以纳入商业化小额贷款公司体系管理，允许社会资本与民间资本参与其改制和增资扩股，并对这类"只贷不存"金融机构在充分考虑成本收益、权利义务的前提下明确监管标准，促进其运行成本下降、服务能力上升。关于农村地区新增小微农村金融机构的布局，银监会2009年编制的《新型农村金融机构2009—2011年总体工作安排》中指明"首先考虑在国家扶贫开发重点县和中西部地区发起设立村镇银行、贷款公司和资金互助社三类新型农村金融机构",2011年银监会《关于调整村镇银行组建核准有关事项的通知》中也指出"按照先西部地区、后东部地区,先欠发达县域、后发达县域的原则组建村镇银行"。因此,对金融机构密集的区域不再增设新机构,农村金融机构布局应该向"老、少、边、穷"地区逐步延伸,从而下延农村金融服务范围,才能尽快实现陕西农村地区金融服务全覆盖的目标。

8.1.2 完善农村金融市场退出机制

农村金融组织机构的多元化局面,将随着开放的推进而出现,既有传统型的合作性金融机构、商业性金融机构,又有新型农村金融机构。在农村金融市场化发展中,虽然开放已经尽可能地循序渐进以避免恶性竞争带来市场风险与混乱,但是优胜劣汰的市场规律,依然会使经营状况不佳的农村金融机构面临破产和倒闭的状况。此时,如果没有良好的风险化解和市场退出机制,不仅会对存款人造成资金损失,还会加剧农村金融市场的系统性风险,阻碍农村经济的发展。因此,存款保险制度要求农村金融机构缴费参保,是凭借国家信用对风险的"兜底"补偿。当农村金融机构出现经营危机以致最终退出市场时,存款人可以从存款保险中获得有限补偿,既保证了存款人的利益,也维护了金融体系的信用,发挥了市场对农村金融机构的约束作用,增强了存款人和投资者对农村金融机构的信心。当然,考虑到农村金融市场的特殊性,可以在已有法律、行政法规的基础上,通过实践对不同类型的农村金融机构制定具有针对性的市场准入与退出机制。

8.1.3 发挥各级政府服务职能,优化农村金融市场开放政策

在农村金融市场开放的前提下,各级政府应积极转变职能,切实从促进农村经济金融协调发展的角度出发,将金融视做一种产业来扶持,正确处理中央政府、地方政府、农村金融机构等各方面利益的均衡关系,推进农村金融市场的开放。首先,中央政府对于农村金融机构和涉农金融业务应该继续给予政策优惠,建立扶持农村金融机构投身"三农"服务的长效机制。其次,陕西地方政府应在中央政府农村金融政策指导下,落实对农村信用社、小额贷款公司等地方性金融机构的管理责任,引导省联社职能

第八章　促进陕西农村金融市场开放与效率良性机制形成的政策建议与对策

由管理机构向服务机构转变，引导小额贷款公司有序发展，提升其支农服务能力。

考虑到区域经济发展的不平衡以及农村金融机构地域分散、形式多样、规模不一的特点，在信贷、监管和财政政策上实现差异化，才能使农村金融政策的激励和约束机制明晰化。在信贷政策上，应该继续下调主要涉农金融机构的存款准备金缴存比例，尤其需要区别对待农村信用社和村镇银行；扩大支农再贷款的适用范围，适当下调支农再贷款利率，以再贷款再贴现政策引导金融机构加大涉农信贷投入。在监管政策上，可以对小微农村金融机构实行弹性存贷比的差异化考核，降低农户贷款的风险权重，提高涉农不良贷款的容忍度。在财政政策上，通过税费减免等措施推动涉农贷款和政策性支付业务，对小额贷款公司等机构涉农业务的税收优惠政策要尽快明确，符合条件的机构网点的定向费用补贴政策要落到实处，中央和地方财政部门需要加快对涉农信贷的风险补偿方式的探索。农村金融市场开放政策实现差异化，才能使激励和约束机制明晰化。

8.2　进一步提升农村金融市场效率

8.2.1　提升小微农村金融机构竞争力

维护小微农村金融机构独立性，坚持服务"三农"目标不偏移。比如村镇银行的发起设立，银监会在出资比例上对最大股东设置下限（20.00%），对其他股东设置上限（10.00%）。规定的目的虽然在于通过分散股权来保证有效的公司治理，但是事实上为了降低经营风险，在陕西省的村镇银行中，所有发起行持股比列均在51.00%以上，发起行对村镇银行完全控股。虽然在2012年，为了支持民营企业参与村镇银行发起设立或增资扩股，银监会出台了《关于鼓励和引导民间资本进入银行业的实施意见》，将村镇银行主发起行最低持股比例降低为15.00%，但是依然没有改变发起行控股的局面。大银行控股的结果使得村镇银行在经营上复制控股银行的模式，难以保持管理决策的独立性，经营目标向商业化靠拢，逐渐偏离了服务"三农"的初衷。因此，对于最大股东或唯一股东必须是银行业金融机构的要求可以去掉，将发起银行的持股比例控制在15.00%~25.00%，维护村镇银行的独立性，提升村镇银行的公司治理水平，坚持其服务"三农"目标不偏移。

针对小微农村金融机构特点细分市场，稳定客户实现差异化竞争。陕西农村金融市场的需求主体主要有农户和企业两类，企业可以细分为龙头企业、有一定规模企业和微小型企业，农户可以细分为普通农户和贫困农户。商业性金融机构和政策性金融机构的目标客户群是生产专业化程度高、信贷需求量大的龙头企业和有一定规模的企业，农村信用社在农户信贷投放中则偏好于专业化、规模化市场型农户。小微农村金融机构一般设立在县城的城区及县域周边，贴近农村的生产生活区域，让农户有一种地位对等的亲近感，与农户在情感上比较贴近；农村地区的熟人圈层使得小微农村金融机构容易获得农户生产经营的相关信息，这些"软信息"对于其他金融机构就比较难以得到；小微农村金融机构没有多层级管理和决策所造成的信息扭曲、交易成本高等问题，决策比较灵活高效。小微农村金融机构的生存空间，必然是商业性银行、政策性银行以及农村信用社留下的空隙，必然是那些其他机构存在劣势、自身存在优势的客户群。因此，依据市场细分和自身的优势，小微农村金融机构应该将市场定位在满足贫困农户生活与小规模生产信贷诉求，满足普通农户传统种养殖业生产信贷需求，以及满足微小型企业启动市场、扩大规模的信贷需求，从而通过差异化服务提升机构竞争力。

8.2.2 提升农村金融机构管理水平

完善农村金融机构法人治理机制。对于作为农村金融市场主力的农村信用社，继续推进产权制度改革和法人公司治理机制，鼓励符合条件的农村信用社和现有的农村合作银行改组为农村商业银行；稳步推进省联社改革，逐步构建以产权为纽带、以股权为联结、以规制来约束的省联社与基层法人社之间的新型利益关系。对于作为"增量"的小微农村金融机构，放宽有关大股东的规定，吸引更多的社会资本进入农村金融市场，形成科学有效的、符合小法人特点的法人治理结构；完善信息披露制度和重大事项沟通机制，逐步形成重大决策充分沟通、经营绩效考核评价、管理运营外部监督的管理机制。总之，通过改善管理架构，细化职能，明确责任，实现农村金融机构公司治理水平的切实提高。

提高风险管理水平，应对农村金融风险。随着利率市场化进程的加

第八章 促进陕西农村金融市场开放与效率良性机制形成的政策建议与对策

快，为争夺市场份额，农村金融机构可能会出现高息揽储低息放贷的现象，非常容易引发道德风险，从而导致其资产质量整体水平下降，加大信用风险压力。此外，由于农村金融机构长期处于利率管制环境中，对利率风险认知程度较低，风险管理能力较差，缺乏风险转移工具，利率风险也将成为农村金融机构面临的另一个风险难题。因此，面对利率市场化可能带来的信用风险与利率风险，陕西农村金融机构首先一定要坚定服务"三农"的市场定位，深耕区域市场，集中资源对目标客户提供专业化、特色化、精细化的金融服务，与大型银行形成错位竞争。其次，农村金融机构要根据自身的风险成本和风险承受能力，依据投入与产出相平衡、风险与收益相匹配的原则，建立合理的风险定价模型，确保收益覆盖风险。再次，重视风险管理人员的业务水平，建立健全相关部门与机制，实现全面的资产负债管理，增加资产负债的渠道建设，强化投资管理，并在此基础上不断挖掘新的效益增长点，有条理地发展表外业务和中间业务，以逐步降低对存贷利差的依赖性，推进收入结构的转型。

优化人员结构，提升公司治理水平。农村金融机构的人员构成可以简单地分为中高层管理人员和基层业务人员两类。中高层管理人员需要具有丰富的金融及相关行业从业经验的人员，他们了解农村金融机构的企业文化、产品服务、市场定位，能够从整体上对农村金融机构的发展进行把握，选聘自大型银行的中高层管理人员业务知识、能力过硬，产品服务创新能力强；选聘自本地的中高层管理人员则对当地情形有较清楚的认识，也拥有较多的本地客户资源。基层业务人员的选择，应该考虑到农村金融机构业务规模小、业务简单的特点，不需要专业技术水平非常高的昂贵人才，可以因地制宜地选择当地优秀的金融从业人员，他们了解农村地区的生产、生活状况，有利于信贷业务的顺利开展。为避免出现人才断层，还应吸纳高学历、致力于金融行业但缺乏从业经验的毕业生，他们受过系统化、专业化的金融教育，应该作为储备管理人才进行培养，充实农村金融机构的人才团队。优化人员结构才能够在保证人员稳定的情况下，逐渐搭建起农村金融机构内部的人力资源系统，形成灵活性强、工作效率高、管理完善的人力资源结构，促进管理水平的提升。

8.2.3 降低农村金融服务成本，加快农村金融业务创新

陕西农村地区经济发展水平相对落后，针对农业经济的薄弱性和农村

经济主体分散、业务额度小的特点，农村金融机构在提供基础金融服务上应该在保证农村金融机构财务绩效的前提下，通过降低成本来扩大服务覆盖面。一是要因地制宜地改进金融服务流程，应制定与农户、农村个体工商户以及涉农企业生产经营相适应的贷款条件、放贷程序、管理方式和风险评价体系，从而降低操作成本。二是农村金融业务的专业技术要求不高，需要的是具有地缘优势、了解基本金融知识和掌握基本金融业务流程的员工，农村金融机构在雇佣信贷人员时应充分考虑投入与产出的效率，以此来降低人工成本。三是要加快推动农村金融机构信息化、网络化进程，基于现代通信手段摆脱传统银行业务对物理网点、人员的依赖，依靠现代化金融基础设施网络在农村地区提供低成本的基础性金融服务。

随着农村金融需求的多元化，相继出现了集体林权抵押贷款、大型农机具抵押贷款、中小企业集合票据贷款等多种特色农村金融产品，农村金融产品与服务创新的重要性日益凸显。为了更好地解决农户和农村中小企业贷款难的问题，加快农村金融服务与产品创新的实质，就是要解决农村金融需求主体缺乏融资抵押担保物的问题。对于农村融资抵押担保物的创新，不同区域应根据本辖区的特点，在法律允许的可控范围内，积极进行集体林权、农村住房、土地收益、宅基地房产、大型农机具、大棚和土地承包经营权抵押等贷款的试点，秉持低成本、可复制、可持续的原则，甄选出在陕西省范围内试点效果明显的融资抵押担保创新产品。此外，有效推动农村产权抵押担保服务体系的建设，采取"产权捆绑抵押"、"信用+产权抵押"、"联贷联保"等方式，开发符合农业产业化发展的涉农抵押担保新产品。

随着农村金融市场的开放，对于农村金融机构来说，争取客户是实现利润最大化的第一步；对于农村金融需求主体来说，信贷需求以外的金融服务需求能否得到满足也是其选择机构的重要考量，而金融中间业务正是双方的交汇点。因此，农村金融机构应该根据实际情况，大力拓展高盈利性、低风险性的中间业务。首先，可以利用网点地缘优势，开办诸如代理财税、支付结算、代收代付等传统中间业务，争取更多低成本可用资金。其次，作为连接农村居民的纽带，农村金融机构既可以积极介入农村保险市场，代理保险业务；也可以参与证券业务，开展"银证转账"等和证券市场有关的中间业务。再次，随着农村经济的发展，农村居民理财意识增强,农村金融机构可以为客户提供有偿理财服务,还可以利用库房、保险柜等现有的有利条件,为客户提供代理保管贵重物品的服务。最后,农村金融机构可以利用在信贷调查中掌握的信息建立区域信息资料库,有偿地向农户及农村中小企业提供诸如资信评价、财务核算、经营指导、市场供求等方面的信息,从而指导其进行准确的生产决策。

8.3 推动农村金融市场开放与效率同步协调

8.3.1 改善农村金融监管方式,推动非正规金融阳光化

改善农村金融监管方式,实施分类监管。农村金融与城市金融的差异化和农村金融内部的分化决定了改善农村金融监管方式的必要性。首先,处于西部地区的陕西省农村与中、东部地区的农村在经济发展水平上存在较大差异,对经济金融政策的适应性及政策效果不尽相同,应按照东、中、西部区域的经济发达程度对农村金融市场进行分类监管。其次,金融机构在城市与农村所面临的市场成熟度不同,应该依据机构风险状况和管理水平的不同制定合理的风险权重系数,构建科学的风险评测体系对其进行实时监测,对于小微农村金融机构的监测以减少呆坏账为目标,注重资产状况和贷款质量,对于规模较大、机制完善的农村金融机构,可以比照商业银行的监管指标进行监管。再次,非现场监管具有指引性和促导性,现场监管具有强制性和应急性,常规监管多以非现场监管为主、现场监管为辅,但是在农村金融市场上,众多农村中小型金融机构发育不成熟,存在信息交流障碍,现场监管的必要性更为突出。最后,政府监管部门要督促农村金融机构对于经营上的重要数据和重大事件及时披露呈报,并建立健全农村金融行业的风险预警机制,通过设定科学的预警指标体系、迅捷的金融机构信息上报制度以及有效的评估系统和传导机制以防患于未然。

引导非正规金融发展,维护农村金融市场秩序。当农村正规金融无法满足农村多样化的金融需求时,作为"边际"存在的非正规金融凭借其在信息获得、交易成本、速度方式上的优势活跃于农村金融市场,在弥补正规金融供给不足方面发挥着重要作用。陕西非正规金融市场融资规模巨大,虽然在农村金融体制改革后正规金融对农户的贷款显著上升,然而非正规融资的规模却在正规融资的两倍左右(王磊玲和罗剑朝,2012)。民

间借贷行为多属于私人交易行为，监管部门难以对其进行监督管理，信贷资金一旦发生风险导致损失，极有可能导致经济纠纷，甚至引起区域经济震荡。对于这一问题，可以参考温州金融改革试点成立民间借贷登记服务中心，将借贷合同、凭证等文件在登记中心备案，通过具有公信力的登记中心进行融资活动，既可以推动民间借贷的阳光化，减少经济纠纷，也可以通过市场竞争降低借款利息，从而在一定程度上挤压高利贷和地下钱庄的生存空间，维护了金融市场的稳定。

8.3.2 建立农村金融风险分摊机制

我国农村尚未建立自然灾害风险专项基金，主要承担"三农"金融服务的农村金融机构，就成为了金融风险的主要承担者。因此，探索风险补偿方式，实现风险分担，有利于促进农村金融机构的支农积极性。首先，应在现有的小额贷款和联保贷款基础上，针对农村经营主体的特点和生产周期，大力发展农户、企业联保贷款，企业、合作社、农户间多元联保贷款及互保基金贷款等各种信用贷款模式，从而提高信贷资金的安全性与盈利性。其次，加强农村信贷与农业保险的合作，大力推进信贷和保险业务在涉农金融服务领域的产品与服务创新，扩大农业保险在涉农领域的广度和深度，从而通过形成信贷与保险相结合的农村信用共同体来降低金融风险。再次，基于陕西不同区域农业特色的差异性，大力发展农产品期货市场，以便在此基础上发展与之相关联的新型信贷产品，充分发挥期货市场的价格发现功能，抵御金融风险。

8.3.3 完善农村金融法律法规

政府在农村金融市场发展中的职责之一，就是制定相关法律法规，从立法的层面维护市场运行的秩序。一是目前与农村金融机构开展业务相关联的法律依据有《商业银行法》、《贷款通则》等，与其债权保护相关的法律依据有《破产法》，这些法律虽然具有普遍适用性，但是缺乏依据农村金融实际发展情况作出的具体规定，使得农村金融机构在业务拓展中遇到法律规定不明确的问题时难以决断，因此，要完善与农村金融市场相关的现有法律，亟须依据实践出台《农村金融法》、《农村金融机构法》等能够对农村金融市场以及农村各类金融组织在发展中遇到的问题作出具体规定的法律,从而将农村金融机构的市场准入、市场退出和公平竞争纳入法制轨道。二是金融机构只能将产权归属清晰的各类动产和不动产作为贷款抵押物,然而在当前的农村土地管理制度下,可供抵押担保的合规资产非常有限,对农村金融机构信贷业务的扩展造成了阻碍。因此,要在《担保法》、《物权法》的基础上充分考虑农村地区的特殊性,尽快出台有关农村抵押担保的相关法律法规,为农村信贷进一步地发展铺平道路。三是要建立健全司法监督体系,需要政府从保护存款人的利益、维护金融债权、支持"三农"的战略高度出发,加大惩治司法腐败行为的力度,增加执法透明度,努力做到司法的公平与公正,达到维护农村金融秩序的目的。

8.3.4 优化农村金融生态环境

促进农业产业化发展,提高农业生产效率。随着农村金融市场的开放,陕西农村金融支农效率并未出现提升的现象,根本原因在于生产效率低下的农村经济体被纳入农村金融市场,拉低了金融支农效率平均水平。因此,促进农业产业化发展、提高农业生产效率是促进农村金融市场开放与效率良性机制形成的基础,如果在农村地区仅仅促进金融市场的繁荣而不促进实体经济的发展,那么繁荣的背后将会隐藏着泡沫。陕西农村经济正处于由分散的小农生产向农业产业化生产转型的时期,可以依据市场需求将分散的农户家庭经营组织起来,与农业龙头企业的生产相连接,延长农业产业链条,使农户的收益不再仅仅来自于初级产品的生产,可以分享到农产品加工、流通环节得到利润,收益的增加也将被用于再生产能力的扩大,从而有利于其生产效率的提升。农业产业化水平的提高,也意味着农业收益水平的提高,将提升农村金融机构支持其发展的积极性;金融资源投入的增多,能促进农业产业化的发展,促进农业经济的增长和农村经济水平提升,也将促进农村金融市场的开放。

加强农村信用体系建设。通过加快发展企业信用担保机构、农户互助担保组织等方式加快农村信用中介体系建设。首先,为确保信贷资金安全,农村金融机构在信贷业务中应坚持"评定等级—信用授权—核发贷款"的程序原则,并主动建立包括农村企业和个人生产经营情况、资金需求状况、经济发展能力、不良贷款率、拖欠银行利息率等经济金融指标在内的资信评级体系。其次,区域内的工商注册登记部门、财税信息管理部门以及公安户籍管理部门,要与金融监管部门整合信息,实现个人与经济组织信用档案资源共享。再次,政府需要引导、规范信用中介的服务行为,完善县域中小企业担保中心与金融机构的风险分摊机制,探索以农户为主体的农户信用担保机制。最后,各级政府、社会团体、新闻媒体应积极发挥职能和作用,营造出"重信用、讲诚信"的优良社会氛围,引导社会信用体系的建设和优化。

8.4 本章小结

促进陕西农村金融市场开放与效率良性机制的形成,就要继续开放农村金融市场,进一步提升农村金融市场效率,推动农村金融市场开放与效率的同步协调。一是要扩大农村金融服务覆盖面;完善农村金融市场退出机制;发挥各级政府职能,优化农村金融市场开放政策。二是要提升小微农村金融机构竞争力;提升农村金融机构管理水平;降低农村金融服务成本,加快农村金融业务创新。三是要改善农村金融监管方式,推动非正规金融阳光化;建立农村金融风险分摊机制;完善农村金融法律法规;优化农村金融生态环境。

第九章 研究结论与展望

"三农"问题始终是我国经济发展过程中的薄弱环节,农业生产的增长、农民收入的提高、农村市场的繁荣都离不开资金的投入和支持,农村金融市场作为我国金融市场的重要组成部分,其深度和广度显著影响着农村经济发展的各个环节,探究农村金融市场的开放与效率对有效解决"三农"问题具有重要的意义。因此,本书以陕西农村金融市场为例,分析评价了农村金融市场的开放度与效率,探究了农村金融市场开放对效率影响的机制。在此基础上,形成了以下研究结论:

第一,陕西农村金融市场开放具有政府主导的强制性、试点推进的渐进性以及滞后于农村经济制度变迁的特征,存在路径依赖的变迁约束。因此,要改善陕西农村金融市场的"锁定"状态,"自下而上"的诱致性变迁与"自上而下"的强制性变迁"双结合"是有效的农村金融市场开放方式。

第二,自从我国农村金融市场开放进入实质性阶段以来,与开放初期相比,陕西农村金融市场综合开放度整体呈现上升趋势,虽然在2012年下降了10.87%,但年平均增长幅度仍达到了40.75%,80.00%的样本县域农村金融市场综合开放度得到了提升;开放度在市场结构方面的提升非常显著,所有样本县域农村金融市场的结构开放度都出现了极大提高,除2012年略有下降外,整体呈现上升趋势,年均增长幅度达到了384.44%;规模开放度和深度开放度整体呈现波动趋势,分别仅有50.00%的样本县域农村金融市场规模开放度和深度开放度得到了提升,规模开放度在2012年仅仅提高了5.47%,深度开放度却在2012年下降了31.22%。陕西农村金融市场开放度在2012年出现的下降趋势,与银监会调整村镇银行组建核准政策有关,这一政策调整提高了金融机构通过设立村镇银行进入农村金融市场的门槛,从而使得农村金融市场的开放度出现了下降。

第三,陕西农村金融市场开放以来,农村金融市场支农效率水平呈现出参差不齐的特点,只有安塞县农村金融市场支农效率处于DEA有效状态且效率水平远高于其他县域,村镇银行引入区的金融支农效率平均水平远高于整个小微农村金融机构引入区的平均水平。从效率变化来看,在2008—2012年的五年间,60.00%的县域农村金融市场的金融支农效率均得到了提高。机构运行效率方面,在2011年样本小微农村金融机构中仅有28.58%处于效率前沿面上,并且个体效率水平差异较大,方差达到了13.94;样本农村信用社中虽然也只有30.00%处于效率前沿面上,但个体效率水平差异较小(方差为0.04);在效率的变化上,85.71%的小微农村金融机构和70.00%的农村信用社的机构运行效率并未出现下降。

第四,现阶段陕西农村金融市场开放对效率影响的良性机制并未形成。从金融支农效率来看,在2008—2012年的五年,陕西农村金融市场的开放并没有促进金融支农效率的提高,反而随着农村金融市场开放度的上升,金融支农效率出现了下降。这主要是开放使得原本生产效率低下的生产者获得了信贷资金,其产出水平低于平均产出水平,无法获得与所投入农村金融资源相匹配的农村经济产出,从而拉低了农村金融对农村经济增长的贡献率,使得农村金融支农效率出现了下降。此外,从农村金融机构运行效率来看,在2011年,陕西农村金融市场的开放,对农村信用社影响显著,对小微农村金融机构的影响不显著。开放加剧了农村金融市场的竞争,但是对于处于市场垄断地位的农村信用社和处于成长期的小微农村金融机构来说,开放对机构运行效率的影响不尽相同。

第五,陕西农村金融市场开放对效率影响的良性机制未形成,主要表现在农村金融市场效率未得到显著提升,农村金融市场结构布局不均衡,农村信贷对农村经济增长贡献不足,农村金融市场深化程度低这些方面。一方面归因于农村金融市场开放内部的金融发展,如小微农村金融机构难以打破垄断、农村金融机构经营风险难以有效控制、农村金融产品与服务创新难以满足开放需求;另一方面的原因来自于农村金融市场开放外部的金融市场环境,如监管方式与农村金融市场开放不匹配、农村金融市场开放的支持政策不完善、农村金融市场开放的法律法规不健全、农村金融生态环境有待优化。

第六,促进陕西农村金融市场开放与效率良性机制的形成,就要继续开放农村金融市场,进一步提升农村金融市场效率,推动农村金融市场开放与效率的同步协调。一是要扩大农村金融服务覆盖面;完善农村金融市场退出机制；发挥各级政府服务职能，优化农村金融市场开放政策。二是要提升小微农村金融机构竞争力；提升农村金融机构管理水平；降低农村金融服务成本，加快农村金融业务创新。三是要改善农村金融监管方式，推动非正规金融阳光化；建立农村金融风险分摊机制；完善农村金融法律法规；优化农村金融生态环境。

本书的写作是一个反复思考、论证、修改的循环过程，由于时间和精力有限，本书必然会存在有待改进之处。由于受到官方统计口径变动和农村金融数据来源的限制，用于实证分析的样本市场在时间周期和区域范围的覆盖上有限，因此可能会影响分析结果的精准性，这一问题将在今后的研究中加以改善。

参考文献

[1] 程炳友. 我国农村金融市场效率机制研究 [J]. 农村经济, 2009 (8): 65-67.

[2] 崔红, 赵伟, 杨永淼. 关于我国农村金融市场结构的思考 [J]. 山东农业大学学报 (社会科学版), 2008 (1): 47-49.

[3] 邓建军. 论新型农村金融机构的社会责任 [J]. 金融与经济, 2010 (6): 60-62.

[4] 冯兴元, 何梦笔, 何广文. 试论中国农村金融的多元化——一种局部知识范式视角 [J]. 中国农村观察, 2005 (5): 17-29.

[5] 戈德史密斯 R W. 金融结构与金融发展 [M]. 上海: 上海人民出版社, 1996.

[6] 谷洪波, 王文涛. 农村金融支持效率的缺损及优化 [J]. 经济体制改革, 2007 (2): 94-98.

[7] 谷慎. 我国农村金融效率实证分析 [J]. 西安交通大学学报: 社会科学版, 2006, 26 (5): 31-35.

[8] 谷慎, 李成. 金融制度缺陷: 我国农村金融效率低下的根源 [J]. 财经科学, 2006 (9): 98-102.

[9] 韩正清. 我国农村金融发展水平的实证分析——基于农村与全国的对比 [J]. 农村经济, 2007 (1): 70-73.

[10] 何广文. 市场开放成为深化农村金融改革的关键词 [J]. 中国农村信用合作, 2008 (3): 19-20.

[11] 李国璋, 耿理想, 王秋晨. 甘肃省农村金融资源配置效率实证分析 [J]. 甘肃金融, 2010 (8): 64-67.

[12] 李梅霞. AHP 中判断矩阵一致性改进的一种新方法 [J]. 系统工程理论与实践, 2000, 20 (2): 122-125.

[13] 李明昌. 建立发展竞争性农村金融市场促进社会主义新农村建设 [J]. 中国金融, 2006 (12): 28-29.

[14] 李明珠. 陕西农村资金互助社发展研究 [D]. 杨凌: 西北农林科技大学, 2011.

[15] 李世美. 农村金融市场竞争效率实证研究 [J]. 科技情报开发与经济, 2006, 16 (11): 128-130.

[16] 李雅宁. 中国农村金融市场二元结构的实证分析——基于河南省背孜乡和山东省南郝镇的调查 [J]. 河南社会科学, 2009, 17 (5): 21-24.

[17] 梁邦海, 黄顺绪. 我国农村金融市场效率研究——从金融促进农村经济发展的角度 [J]. 西安电子科技大学学报: 社会科学版, 2008 (5): 56-61.

[18] 林毅夫. 诱致性制度变迁与强制性制度变迁. 盛洪. 现代制度经济学 (下卷) [M]. 北京: 北京大学出版社, 2003.

[19] 刘万里, 雷治军. 关于 AHP 中判断矩阵校正方法的研究 [J]. 系统工程理论与实践, 1997, 17 (6): 30-34.

[20] 刘旭华. 二元结构: 西北地区农村金融市场分析 [J]. 西安金融, 2004 (9): 35-37.

[21] 罗富民. 非对称信息下农村金融市场结构对信贷配给的影响研究 [J]. 改革与战略, 2008, 24 (5): 57-59.

[22] 罗新星, 彭素华. 绿色供应链中基于 AHP 和 TOPSIS 的供应商评价与选择研究 [J]. 软科学, 2011, 25 (002): 53-56.

[23] 骆正清. AHP 中不一致性判断矩阵调整的新方法 [J]. 系统工程理论与实践, 2004, 24 (6): 84-92.

[24] 麦金农 R I. 经济发展中的货币与资本 [M]. 上海: 上海三联书店, 1988.

[25] 马晓光. 《村镇银行管理暂行规定》解读 [J]. 中国农村金融, 2007 (2): 19-20.

[26] 诺斯 D C. 制度、制度变迁和经济绩效 [M]. 上海: 上海三联书店, 2008.

[27] 彭文平. 农村金融市场关系与效率 [J]. 南京审计学院学报, 2007, 4 (3): 32-38.

[28] 孙同全. 农村金融新政中非政府小额信贷的发展方向探析 [J].

农业经济问题, 2007 (5): 52-55.

[29] 谭小芳, 白璐. 开发性金融与农村金融市场效率研究 [J]. 财经问题研究, 2009 (6): 62-66.

[30] 唐青生, 周明怡. 西部农村金融资源配置效率实证分析——基于面板数据的分析 [J]. 云南财经大学学报: 社会科学版, 2009 (2): 74-78.

[31] 田小明, 孟祥虎. 农行延安分行: 服务"三农"助推圣地城乡统筹发展 [N]. 延安日报, 2013-1-29.

[32] 王广谦. 经济发展中的金融贡献与效率 [M]. 北京: 中国人民大学出版社, 1997.

[33] 王佳楣, 罗剑朝, 张珩. 西部地区农户融资偏好的灰靶决策分析——基于陕西省334个样本农户的调查 [J]. 当代经济科学, 2014, 36 (3): 54-63.

[34] 王磊玲. 陕西农村正规金融发展区域差异研究 [M]. 杨凌: 西北农林科技大学, 2012.

[35] 王磊玲, 罗剑朝. 农户借贷需求调查与分析: 以陕西省为例 [J]. 开发研究, 2012 (1): 77-81.

[36] 王曙光. 农村金融市场开放和民间信用阳光化: 央行和银监会模式比较 [J]. 中共中央党校学报, 2007, 11 (2): 49-54.

[37] 王曙光. 农村金融改革30年历程与基本经验 [J]. 中国金融, 2008 (17): 67-68.

[38] 王振山. 金融效率论——金融资源优化配置的理论与实践 [M]. 北京: 经济管理出版社, 2000.

[39] 温涛, 熊德平. "十五"期间各地区农村资金配置效率比较 [J]. 统计研究, 2008, 25 (4): 82-89.

[40] 沃格尔 R C. Savings mobilization: the forgotten half of rural finance. 何安耐, 胡必亮, 冯兴元. 农村金融与发展——案例分析与培训手册阅读材料 [M]. 北京: 中国社会科学院农村发展研究所, 2000.

[41] 吴华超, 温涛. 基于DEA方法的农村资金配置效率研究——以统筹城乡综合配套改革试验区重庆市为例 [J]. 金融理论与实践, 2008 (3): 25-28.

[42] 吴少新,李建华,许传华. 基于 DEA 超效率模型的村镇银行经营效率研究 [J]. 财贸经济,2009 (12):45-49.

[43] 吴跃,刘影. 基于 DEA 方法对欠发达地区农村金融效率的实证分析——以广西崇左市为例 [J]. 区域金融研究,2012 (7):64-68.

[44] 肖 E S. 经济发展中的金融深化 [M]. 上海:上海三联书店,1988.

[45] 向琳,李季刚. 中国农村金融生态环境优化研究——基于金融资源配置效率的实证分析 [J]. 西部论坛,2010,20 (3):76-81.

[46] 谢琼. 农村金融:体制突破与机制改进 [M]. 武汉:华中农业大学,2009.

[47] 徐忠. 农村金融市场开放需要正确处理几个问题 [J]. 中国金融,2008 (2):70-71.

[48] 杨德勇. 对金融效率问题的思考 [J]. 甘肃金融,1998 (10):10-11.

[49] 杨小丽,董晓林. 农村小额贷款公司的贷款结构与经营绩效 [J]. 农业技术经济,2012 (5):70-78.

[50] 姚耀军. 中国农村金融发展状况分析 [J]. 财经研究,2006,32 (4):103-114.

[51] 叶望春. 金融工程与金融效率相关问题研究综述 [J]. 经济评论,1999 (4):76-84.

[52] 于丽红. 中国农村二元金融结构研究 [M]. 北京:中国农业出版社,2009.

[53] 于转利,罗剑朝. 小额信贷机构的全要素生产率——基于 30 家小额信贷机构的实证分析 [J]. 金融论坛,2011,16 (6):32-39.

[54] 张杰. 中国金融改革的检讨与进一步改革的途径 [J]. 经济研究,1995 (5):3-10.

[55] 张晓峒. 应用数量经济学 [M]. 北京:机械工业出版社,2009.

[56] 张晓山,何安耐. 农村金融转型与创新:关于合作基金会的思考 [M]. 北京:社会科学文献出版社,2007.

[57] 张月飞,张伦. 县域金融支农效率的实证研究——基于浙江省部

分县域 2005—2009 年数据 [J]. 浙江金融, 2012 (11): 53-56.

[58] 郑泽华. 中国农村金融发展问题研究 [J]. 贵州财经学院学报, 2004 (1): 37-43.

[59] 中国人民银行南昌中心支行课题组. 欠发达地区农村金融效率问题研究——江西个案 [J]. 武汉金融, 2008 (07): 51-52.

[60] 中国人民银行农村金融服务研究小组. 中国农村金融服务报告 2012 [M]. 北京: 中国金融出版社, 2013.

[61] 周立. 中国农村金融: 市场体系与实践调查 [M]. 北京: 中国农业科技出版社, 2010.

[62] 周励. 陕西信合改革记 [J]. 西部大开发, 2013 (8): 71-74.

[63] 周再清, 吴俊杰. 基于 DEA 模型的金融支农效率研究 [J]. 求索, 2009 (9): 24-26.

[64] Adams D W. 2002. Filling the deposit gap in microfinance. the WOCCU Conference: Best Practices in Savings Mobilization: 1-8.

[65] Andersen P, Petersen N C. 1993. A procedure for ranking efficient units in data envelopment analysis. *Management science*, 39 (10): 1261-1264.

[66] Argent N. 2000. Whither the lender of last resort?: The rise and fall of public farm credit in Australia and New Zealand. *Journal of Rural Studies*, 16 (1): 61-77.

[67] Bain J S. 1968. Industrial organization. New York: John Wiley & Sons.

[68] Banker R D, Charnes A, Cooper W W. 1984. Some models for estimating technical and scale inefficiencies in data envelopment analysis. *Management science*, 30 (9): 1078-1092.

[69] Banker R D, Charnes A, Cooper W W, Swarts J, Thomas D. 1989. An introduction to data envelopment analysis with some of its models and their uses. *Research in governmental and nonprofit accounting*, 5: 125-163.

[70] Bassem B S. 2008. Efficiency of microfinance institutions in the Mediterranean: an application of DEA. *Transition Studies Review*, 15 (2): 343-354.

[71] Burgess R, Pande R, Wong G. 2005. Banking for the poor: Evi-

dence from India. *Journal of the European Economic Association*, 3 (2 - 3): 268 - 278.

[72] Caves D W, Christensen L R, Diewert W E. 1982. The economic theory of index numbers and the measurement of input, output, and productivity. *Econometrica: Journal of the Econometric Society*, 1393 - 1414.

[73] Charnes A, Cooper W W, Rhodes E. 1978. Measuring the efficiency of decision making units. *European Journal of Operational Research*, 2 (6): 429 - 444.

[74] Chaves R A, Gonzalez - Vega C. 1996. The design of successful rural financial intermediaries: Evidence from Indonesia. *World Development*, 24 (1): 65 - 78.

[75] Chortareas G E, Girardone C, Ventouri A. 2012. Bank supervision, regulation, and efficiency: Evidence from the European Union. *Journal of Financial Stability*, 8 (4): 292 - 302.

[76] Collender R N. 1996. Can Federal Action Improve Efficiency in the Market for Farm Loans? United States Department of Agriculture, Economic Research Service: 1 - 4.

[77] Cook W D, Tone K, Zhu J. 2014. Data Envelopment Analysis: Prior to Choosing a Model. *Omega*, 44: 1 - 4.

[78] Dow J, Gorton G. 1997. Stock market efficiency and economic efficiency: is there a connection? *The Journal of Finance*, 52 (3): 1087 - 1129.

[79] Ellinger P N, Neff D L. 1993. Issues and approaches in efficiency analysis of agricultural banks. *Agricultural Finance Review*, 53: 82 - 99.

[80] Ertuğrul İ, Karakaşoğlu N. 2009. Performance evaluation of Turkish cement firms with fuzzy analytic hierarchy process and TOPSIS methods. *Expert Systems with Applications*, 36 (1): 702 - 715.

[81] Färe R, Grosskopf S, Lindgren B, Roos P. 1992. Productivity changes in Swedish pharamacies 1980—1989: A non - parametric Malmquist approach. *Journal of Productivity Analysis*, 3 (1 - 2): 85 - 101.

[82] Farrell M J. 1957. The measurement of productive efficiency. *Journal of the Royal Statistical Society. Series A (General)*, 120 (3): 253 - 290.

[83] Fleisig H, de la Peña N. 2003. Legal and regulatory requirements for effective rural financial markets. Center for the Economic Analysis of Law: 1 – 30.

[84] Giokas D I. 2008. Assessing the efficiency in operations of a large Greek bank branch network adopting different economic behaviors. *Economic Modelling*, 25 (3): 559 – 574.

[85] Golany B, Roll Y. 1989. An application procedure for DEA. *Omega*, 17 (3): 237 – 250.

[86] Halkos G E, Salamouris D S. 2004. Efficiency measurement of the Greek commercial banks with the use of financial ratios: a data envelopment analysis approach. *Management Accounting Research*, 15 (2): 201 – 224.

[87] Hassan M K, Sanchez B. 2009. Efficiency analysis of microfinance institutions in developing countries. Networks Financial Institute at Indiana State University: 1 – 22.

[88] Hayek F A. 1937. Economics and knowledge. *Economica*, 4: 33 – 54.

[89] Hayek F A. 1945. The use of knowledge in society. *The American economic review*, 35 (4): 519 – 530.

[90] Heidhues F, Davis J R, Schrieder G. 1998. Agricultural transformation and implications for designing rural financial policies in Romania. *European Review of Agricultural Economics*, 25 (3): 351 – 372.

[91] Hemmati M, Dalghandi S, Nazari H. 2013. Measuring relative performance of banking industry using a DEA and TOPSIS. *Management Science Letters*, 3 (2): 499 – 504.

[92] Ho W. 2008. Integrated analytic hierarchy process and its applications – A literature review. *European Journal of Operational Research*, 186 (1): 211 – 228.

[93] Holod D, Lewis H F. 2011. Resolving the deposit dilemma: a new DEA bank efficiency model. *Journal of Banking & Finance*, 35 (11): 2801 – 2810.

[94] Hongmei W, Shijiao L. Year. Empirical analysis on technological in-

novation risk in China's financial enterprises based on AHP method. Computer Sciences and Convergence Information Technology (ICCIT), 2010 5th International Conference on. IEEE.

[95] Hwang C‑L, Yoon K. 1981. Multiple attribute decision making: Methods and Applications. New York: Springer‑Verlag.

[96] Ke K L, Feng Z X. 2008. Total factor productivity measurement of China's bank industry based on Malmquist‑Luenberger index. *The Journal of Quantitative & Technical Economics*, 25 (4): 110‑120.

[97] Kennedy P. 2003. A guide to econometrics. Cambridge MA: MIT press.

[98] Khandker S R, Faruqee R R. 2003. The impact of farm credit in Pakistan. Agricultural Economics, 28 (3): 197‑213.

[99] Liu P. 2007. Research on Risk Evaluation for Venture Capital Based on Intuitionistic Fuzzy Set and TOPSIS. 2007 The First International Symposium on Data, Privacy, and E‑Commerce (ISDPE). IEEE: 415‑417.

[100] McKinnon R I. 1973. Money and capital in economic development. Washington D. C. : Brookings Institution Press.

[101] Ouattara K, Gonzalez‑Vega C, Graham D H. 1999. Village banks, caisses villageoises, and credit unions: Lessons from client‑owned microfinance organizations in West Africa. Occasional Paper, 2523.

[102] Park K H, Weber W L. 2006. A note on efficiency and productivity growth in the Korean Banking Industry, 1992—2002. *Journal of Banking & Finance*, 30 (8): 2371‑2386.

[103] Patrick H T. 1966. Financial development and economic growth in underdeveloped countries. *Economic development and Cultural change*, 14 (2): 174‑189.

[104] PI W N. 2005. Supplier Evaluation Using AHP and TOPSIS. *Journal of Science and Engineering Technology*, 1 (1): 75‑83.

[105] Qayyum A, Ahmad M. 2006. Efficiency and Sustainability of Micro Finance. South Asian Network of Economic Research Institutes (SANEI) & Pakistan Institute of Development Economics (PIDE): 1‑37.

[106] Rao D P, O'Donnell C J, Battese G E, Coelli T J. 2005. An introduction to efficiency and productivity analysis. New York: Springer Science & Business Media.

[107] Saaty T L. 1990. How to make a decision: the analytic hierarchy process. *European Journal of Operational Research*, 48 (1): 9 – 26.

[108] Sathye M. 2003. Efficiency of banks in a developing economy: the case of India. *European Journal of Operational Research*, 148 (3): 662 – 671.

[109] Schrieder G, Heidhues F. 1997. Access constraints of Romanian peasants in relation to the formal financial sector. Centre for Economic Reform and Transformation, Heriot Watt University: 1 – 26.

[110] Seçme N Y, Bayrakdaroǧlu A, Kahraman C. 2009. Fuzzy performance evaluation in Turkish banking sector using analytic hierarchy process and TOPSIS. *Expert Systems with Applications*, 36 (9): 11699 – 11709.

[111] Seibel H D. 2001. Mainstreaming informal financial institutions. *Journal of Developmental Entrepreneurship*, 6 (1): 83 – 95.

[112] Shaw E S. 1973. Financial deepening in economic development. New York: Oxford University Press.

[113] Sherman H D, Gold F. 1985. Bank branch operating efficiency: evaluation with data envelopment analysis. *Journal of Banking & Finance*, 9 (2): 297 – 315.

[114] Sriram M S, Rajesh U. 2002. The transformation of microfinance in India: Experiences, options and future. Indian Institute of Management Ahmedabad, Research and Publication Department: 1 – 25.

[115] Staub R B, da Silva e Souza G, Tabak B M. 2010. Evolution of bank efficiency in Brazil: A DEA approach. *European Journal of Operational Research*, 202 (1): 204 – 213.

[116] Steuer R E, Na P. 2003. Multiple criteria decision making combined with finance: A categorized bibliographic study. *European Journal of Operational Research*, 150 (3): 496 – 515.

[117] Stiglitz J E. 1989. Markets, market failures, and development. *International Agricultural Development*, 79 (2): 197 – 203.

[118] Stiglitz J E, Weiss A. 1981. Credit rationing in markets with imperfect information. *The American economic review*, 71 (3): 393 –410.

[119] Sturm J – E, Williams B. 2004. Foreign bank entry, deregulation and bank efficiency: Lessons from the Australian experience. *Journal of Banking & Finance*, 28 (7): 1775 –1799.

[120] Toci V, Hashi I. 2013. Intermediation Efficiency of Banks in South – East Europe: An Empirical Assessment Using Dea and Malmquist Index. *International Journal of Finance & Banking Studies*, 2 (3): 1 –20.

[121] Tsai H – Y, Huang B – H, Wang A S. 2008. Combining ANP and TOPSIS concepts for evaluation the performance of property – liability insurance companies. *Journal of Social Sciences*, 4 (1): 56 –61.

[122] Tsai K S. 2004. Imperfect substitutes: the local political economy of informal finance and microfinance in rural China and India. *World Development*, 32 (9): 1487 –1507.

[123] Vaidya O S, Kumar S. 2006. Analytic hierarchy process: An overview of applications. *European Journal of Operational Research*, 169 (1): 1 –29.

[124] Wang T – C, Hsu J – C. 2004. Evaluation of the business operation performance of the listing companies by applying TOPSIS method. 2004 IEEE International Conference on Systems, Man and Cybernetics. IEEE: 1286 –1291.

[125] Wang Y – M, Elhag T. 2006. Fuzzy TOPSIS method based on alpha level sets with an application to bridge risk assessment. *Expert Systems with Applications*, 31 (2): 309 –319.

[126] Wei W, Chen Z. 2011. Application of AHP in risk monitor of financial derivative instrument based on MATLAB. 2011 International Conference on E – Business and E – Government (ICEE). IEEE: 1 –5.

[127] Wheelock D C, Wilson P W. 1999. Technical progress, inefficiency, and productivity change in US banking, 1984 –1993. *Journal of Money, Credit, and Banking*, 31 (2): 212 –234.

[128] Wooldridge J. 2012. Introductory econometrics: A modern approach. Mason: South – Western Cengage Learning.

[129] Wu C-R, Lin C-T, Tsai P-H. 2011. Financial service sector performance measurement model: AHP sensitivity analysis and balanced scorecard approach. *The Service Industries Journal*, 31 (5): 695-711.

[130] Yaron J. 1994. What makes rural finance institutions successful? *The World Bank Research Observer*, 9 (1): 49-70.

[131] Yaron J, Benjamin M, Charitonenko S. 1998. Promoting efficient rural financial intermediation. *The World Bank Research Observer*, 13 (2): 147-170.

[132] Yaron J, Mundial B. 1992. Rural finance in developing countries. Agriculture and Rural Development Department of the World Bank: 1-25.

后　记

　　本书是在我的博士学位论文基础上修改完成的，并是教育部 2011 年度"长江学者和创新团队发展计划"创新团队项目"西部地区农村金融市场配置效率、供求均衡与产权抵押融资模式研究"（No. IRT1176）、国家自然科学基金面上项目"农村土地承包经营权抵押融资试点效果评价、运作模式与支持政策研究"（No. 71573210）、国家自然科学基金面上项目"西部农村金融市场开放度、市场效率与功能提升政策体系研究"（No. 71073126）、2010 年度高等学校博士学科点专项科研基金项目"我国农村小型金融机构试点运行绩效评价与支持政策研究"等课题的阶段性研究成果，在调查、研究、出版过程中得到了上述项目、课题经费资助。

　　此书能出版，首先要感谢我的导师罗剑朝教授。拜入恩师门下七年，从一个一无所知的学术门外汉逐渐成为一个初窥门道的研究者，每一次在学术之路上的成长都离不开恩师的悉心栽培。恩师腹载五车、多闻阙疑，在治学上既不人云亦云，亦不标新立异，体现了实事求是、求真务实的学者本色。从论文选题开始直到最后的修改、润色，恩师始终认真负责给予我深刻而细致的指导，那一次次的讨论、一次次的修改，每一点每一滴，都凝聚着恩师的智慧与辛劳。生活中，恩师为人光明磊落、待人诚挚热心、处事公平公正，一言一行为我树立了人生的榜样，也教会了我许多人生的哲理，让我能够身处象牙塔却不囿于象牙塔。

　　其次要感谢我的父母家人，在求学之路上没有你们的支持和帮助，我无法走到今天。即使对我所专注的领域不甚了解，也丝毫没有妨碍你们对我无条件的支持。父母之爱子女则为之计深远，你们承担了生活的全部压力，让我能够专心于学业和论文写作。每当我迷茫和焦躁的几乎难以坚持时，你们总会给我鼓励，帮助我重拾信心，使我能够不在前进的道路上半途而废。

　　再次，要感谢在我漫长的求学生涯中，帮助过我的每一个人。感谢从大学时代至今的每一位授课老师，你们的言传身教使我获益匪浅。感谢西

北农林科技大学经济管理学院王礼力教授、郑少锋教授、赵敏娟教授、朱玉春教授、陆迁教授、薛建宏教授、牛荣副教授、姜雅莉副教授,以及西安交通大学经济与金融学院李富有教授在我开题和答辩中给予的宝贵意见。感谢经济管理学院的白晓红老师、张静老师、郭小勇老师、王家武老师、仲会老师、王军智老师在我就读期间对我的帮助。感谢我的师姐王磊玲、王芹,师妹李瑾、赵雯、杨希、曹瓅、曹燕子、武臻、庞玺成、徐佳璟、孟楠,师弟房启明、张珩、刘浩、黎毅、武德鹏、庸辉、牛晓冬,感谢与你们的相识,也感谢你们的相伴。感谢我的同学张文静、王蕾、王昕、杨雪梅、史恒通、蔡苗,感谢你们在学业和生活上对我的关照。感谢我的挚友潘洁,感谢你对我的指引和鞭策。

感谢我生命中遇到的每一个朋友、对手和路人,与你们的相遇、相对和擦肩,让我成为了现在的我。

王佳楣
2016 年 6 月